僕らが生きている よのなかのしくみは「法」でわかる

13歳からの法学入門

遠藤研一郎
Kenichiro Endo

大和書房

はじめに

「シオリおはよ〜〜」「あ〜メイおはよ。元気？」

……この本の主人公であるメイさんと、親友のシオリさんのなにげない朝のやりとりが、ほかの生徒の声とともに聞こえます。本の舞台はカエデ学院中学校。私立・共学の中高一貫校です。

キーンコーン、カーンコーン。時刻は、8時25分。予鈴が校舎内に響きます。

「今日の時間割は、数・社・体・英・音か〜。好きな教科、体育しかないじゃん！」

……なんてボヤいている、黒髪ボブの女の子が、メイさんです。

最初にメイさんの紹介を少しだけ。カエデ学院に通う中学2年生で、ごくふつうの女の子です。テニス部に所属していて、スポーツが大好き。性格は芯がしっかりしているけれど、友だちにはやさしくて、面倒見がいいみたい。だから、男の子からも女の子からも好かれる愛されキャラです。成績は中くらい。そして、将来の夢は売れっ子作家ですって。ちなみに好きな作家は、住野よる。好きな食べものは、お母さんのつくったオムライスだとか。おしゃれも、勉強も、部活も、恋愛も、いろいろと忙しい年ごろです。

そして、申し遅れました。私はこの本の筆者で、中央大学の法学部というところで、法律を教えていますみなさんを、法の世界に導くナビゲーターとでもいいましょうか。勝手に、メイさんと、メイさんのまわりの生徒たちの日常に入りこんでみます。そして、「法」というめがねを通しながら、みなさんに解説してみます。よけいなお世話？　そうですね、かなりお節介です。

でも、じつはみなさんにとっても、「法」の世界って大切なんですよ。

みなさん、「法」って、どんなイメージですか？　もしかして、「私には関係ない」とか思っていたりしませんか？　でも、そうじゃないんです。気づかないかもしれませんが、みなさんの生活には、いつも「法」が溶けこんでいます。安全に道路を歩くためにも、コンビニでチョコレートを買うためにも、夜静かに眠るためにも、「法」が役立っています。

まだ中学生のうちは、複雑な法の渦にいきなり放りこまれるなんて場面は、少ないかもしれませんね。だから、法を実感することがないかもしれません。でも、そもそも中学校生活も、「ルール」の連続なはずです。国がつくる「法律」じゃなくても、「守るべきルール」という意味では同じようなものが、学校生活にはたくさんあります。

校則、クラスのルール、部活のルール……。ルールがなかったら、学校生活は送っていけません。もしかしたら、大人になってからの生活よりも多いかも？（汗）そして、そんなふうにルールを守る生活が、将来、法を守る生活につながっていくのです。

そういう意味でも、「こんな出来事って、法とどのようにつながっているの？」とか、

「このルールってなんのためにあるの？」とかを学ぶって、とても大切なことなのです。

だから、「堅苦しそ〜〜」とか思わないで、私の話にちょっとだけ耳をすましてほしいのです。

そうそう。あらかじめ、ひと言だけ。この本は、法律についての本だからといって、推理小説みたいにバタバタ人が死んでしまう殺人事件が起きたり、ドロドロの恋愛ドラマが展開したりするわけではありません。イケメン検事や美人すぎる弁護士がバリバリ活躍したりするわけでもありません。その点はあしからず。

内容のほとんどは、メイさんたちのなにげない日常です。そして、そこに小さなさざ波が立つだけです。きっと、みなさんが通う学校でも、ふつうにあることばかり。でもそこに、スッと法（または、法的な考え方）が顔を出します。そこに、おじさん（私）がちょっとおじゃまするだけです。

なんだかうさんくさいなぁとか、思っていたりしますか？　まぁ、とにかく読んでみてください。そして、私の問いかけについて、考えてみてください。その先に、今までとは少しちがった景色が見えるかもしれません。

キーンコーン、カーンコーン……。

おっと、本鈴が鳴りました。今日もカエデ学院の１日が始まります。ではまたあとで、お会いしましょうね。

目次

SCENE 2

校則なんていらない？

ガチガチか？　ゆるふわか？ 051

SCENE 3

法はみんなの大切なものを守る「お互いを認める」ということ

SCENE 4

青春の陰にも法がある

SCENE 5

法的なバランスのとりかた

SCENE

1

いつもの生活に法はある

ルールのなかでいまを生きる

SCENE

1-1 付き合うって、いったい何!?

映画の前日
じゃあ明日は10時40分の回だから…何時集合にする？
あっ
メイごめん！明日演劇部のやつらと遊ぶことになって…
え〜〜!?
悪い！映画はまた今度にしよ
今度って…
簡単にドタキャンか…
ユウトにとって私ってなんなのかな…
付き合ってるんでしょ？
彼氏彼女の関係だったらユウトは私のこともっと優先してくれるのかな？
ていうかそもそも「付き合う」ってなんなんだろう？

SCENE

1-1

"付き合う"と"結婚"って、何がちがうの？

好きな人と付き合う約束をすると、「拘束力」が生まれる。結婚とのちがいは、拘束力が国家レベルかどうか！

付き合うってなんだ？

さて、読者のみなさんにとって、「付き合う」ってどういう状態ですか？　感じ方は人それぞれでしょうけれども、年齢によっても「付き合う」ということの受け止め方がちがうかもしれません。

中学1年くらいであれば、特別に2人で何をするわけでなくても、お互いがカレシ・カノジョだと確認できていれば、それだけで「付き合っている」というような気がします。ハードルが低いぶん、すぐにくっついたり、離れたりするかもしれませんね。

これが高校生になると、2人で一緒に図書館で試験勉強したり、手をつないでディズニーランドでデートしたり、夜遅くまでLINEしたりするようになるかもしれません。

そして、完全な大人になると、「付き合う」というのは、結婚を前提にしている（または、その可能性がある）場合も少なくありません。

ただ、いずれにしても「付き合う」という状態は、単に「両想い」という状態とは少しちがうような気がします。たしかに、「両想い」も、お互いのことが好きな状態です。でも、お互いがカレシ・カノジョになる約束をしていなくても、「両想い」は成立します。

これに対して、「付き合う」というのは、お互いが想ってもらっていることを確認し合っていて、カレシ・カノジョになることを約束している状態です。そのための約束の儀式が、「告白」です。自分の想いを、「付き合ってください」「お願いします」という形で表現します。

みなさんのなかには、「告白したわけではないのだけど、いつの間にかあいつと付き合っている」と考える人もいるかもしれません。でも、そうであっても、なんらかの方法で気持ちが通じ合い、お互い、「カレシ－カノジョ」という関係でつながっている自覚があるはずです。それがまったくないのに、「あいつは俺のカノジョ」なんていいふらしている人がいれば、それは、単なるヤバいやつです（笑）。

約束することの効果

さて、「付き合うという約束」がされると、どうなるのでしょうか。先ほど話したとおり、年齢によってちがいはあるでしょうが、**なんらかの「拘束力」が生まれます。**

たとえば、「ほかの異性とイチャイチャしない」とか、「悩んでいたらやさしい言葉をかけてあげる」とか、「週末はデートに行く」とか、「毎日必ず連絡をする」とか……。その拘束を嬉しく思う人もいるでしょうし、少し負担に感じる人もいるでしょう。でも、いずれにしても、付き合っていればお互いを独占できる部分が少しはあって、そのような関係に「拘束される」のです。

そもそも、付き合うという約束に限らず、約束には、通常なんらかの「拘束力」があります。友だちとカラオケに行く約束をすれば、寝不足で少し眠くても友人関係を大切にして、カラオケに付き合うでしょう。今度の期末テストに向けてしっかり勉強することを両親に約束すれば、途中でめんどくさくなっても、怒られないために、勉強するよう心がけるでしょう。

約束とは守られるべきもの

そして、一度約束をしたら、約束は、守られなければなりません。なぜでしょうか？　それは、約束を破ったら、傷つく人がいるからです。むやみに友だちや両親を裏切ってはいけないんですよね。

では、約束を破ったら、どうなりますか？　もしかしたら、「あいつ、一緒にカラオケ行く約束をブッチした」と、友だちから嫌われるかもしれませんし、「全然勉強しないじゃないの！」と、親からむちゃくちゃ怒られるかもしれません。つまり、なんらかの不利益が自分に降りかかるのです。

「契約」という約束

ではここで、法律の話をしてみましょう。

法律の世界には、「契約」という大切な概念があります。契約も、簡単にいえば、約束です。

契約は、私たちの生活にあふれています。たとえば、みなさんが、ファミリーマートでおにぎりをひとつ買ったとします。これは「売買契約」です。おにぎりをもらう代わりにお金を払うことを、お店との間で約束するのです。約束すると、買主（みなさん）には、おにぎりをもらう権利と、お金を払う義務が発生します。反対に、売主（お店）には、お金をもらう権利と、おにぎりを引き渡す義務が発生します。

そして、契約が成立するために大切なのは、「意思が合致していること」です。付き合うときに想いの確認（告白）があるのと同じように、売買契約のときにも、お客さんから「おにぎりが欲しい」という意思がお店に伝えられ、お店から「お金払ってくれれば売りますよ」という意思がお客さんに伝えられ、両者の意思が合致することによって、契約が成立するんです。

ちなみに、「契約」は、だれかから契約を結ぶことを強制されることはないですし、また、どのような内容の契約を結んでもよいことを基本としています。たとえば、読者のみなさんが、おこづかいを何に使うか、どのようなものを購入するかを、自分以外のだれかによって決められることはありません。私たちの生活上のルールを広く規定した法律として、「民法」という法律がありますが、民法には、次のような条文があって、契約自由の原則を規定しています。

＼ 条文 ／

民法521条（注：2020年施行予定の改正民法の条文です）

〔1項〕何人も、法令に特別の定めがある場合を除き、契約をするかどうかを自由に決定することができる。

〔2項〕契約の当事者は、法令の制限内において、契約の内容を自由に決定することができる。

そもそも、「契約」も「約束」の一種なのですが、その他の約束と比べたとき、ひとつ大きな特徴があります。それは、「拘束力が国家レベル！」という点です。

先ほど、約束にはなんらかの拘束力が伴うということを説明しましたが、通常の約束は、守られなかったとしても、裁判所が出てくるわけではありません。怒ったり、泣いたり、注意したりして、私的な空間で問題を解決していくことになります。なかには、放置されるものもたくさんあります。たとえばお父さんが禁酒の約束をした場合、どうですか？　約束された家族が、ふだんからお父さんをまったく信用していないで、お父さんが約束を破ったとしても、「あぁ、またか」とあきれるだけで、放っておかれるかもしれません……。

これに対して、契約というのは一種の社会的なシステムですから、それが守られないというのは、大問題です。売買契約を締結して、商品はもらったけれど、「もったいないから、お金払わないでいいや～」ということがまかり通れば、社会は成り立たなくなってしまいます。そこで、裁判所などの力を借りて、強制的に約束を守らせたり、また、約束を破った代わりに損害賠償（お金の支払い）を命じたりします。つまり、「契約」の拘束力は、国家レベルなのです。

法律レベルで恋してる？

さて、恋愛の話に戻りましょう。マンガのメイさんのように、中学生くらいになると、たくさんの子が「恋をしたい」と思いますね。そして大人になると、今度は結婚という選択をするかもしれません。結婚とは、「一緒にこれからの人生を歩んでいきましょう」というお互いの約束のことで、一種の契約です。

そして特に、意思の合意があるだけではなく、国が定めた手続きをして、法律上で認められた結婚のことを「**法律婚**」といいます。ここでいう手続きのなかでいちばん重要なのは、「婚姻届」を役所に提出することです。

結婚（特に、法律婚）をすると、いろんな拘束力が発生します。たとえば、氏（名字）は、夫婦で同じものにしなければいけません。また、夫婦は、特別な理由がない限り、同居をして、お互いに協力し合わなければいけません。夫婦が日常的に使うものを買った場合には、その代金の支払いは、夫婦が連帯して責任を負うことになります。自分のパートナー（配偶者といいます）とべつの人と付き合ってもいけません。それは、結婚を継続している限り続きます。結婚という契約は、けっこう拘束力が強いんですよね。

なお、婚姻届を出さずに、夫婦として一緒に暮らすことにする「事実婚」という選択肢もあります。事実婚の場合には、法律婚とちがうところがあります。たとえば、名字を同じにすることはありませんし、自分のパートナーの親などと親戚になることもありません。パートナーが死んでしまったとき、パートナーの財産を受け継ぐ（これを相続といいます）こともできません。

でも、できるだけ法律婚と同じように扱うように考えられています。たとえば、先ほどお話ししたように、同居をする義務、お互い協力して助け合う義務、配偶者とべつの人と性的関係を持たない義務などは事実婚の場合も同じです。そのような意味で、ただ付き合っている状態とは法的にちがいがあるのです。

さて、マンガのメイさんが感じていた「付き合うってなんだろう？」という疑問に、みなさんは答えられるようになりましたか？

どうも、付き合うというのは、法律レベルの恋（＝結婚という契約）とはちがうみたいです。だから、それほど相手を強く拘束することはできません。でも、彼がメイさんとのことを大切に考えてくれないことに、メイさんがモヤモヤするのならば、やっぱり、ちゃんと「私たち、付き合っている」っていえるようにしたほうがいいですね。

SCENE

1-2

おこづかいを増やしてほしい!!

ミナトくんデザイン
限定!!

The LAWS オリジナルTシャツ ¥15000
は~ 1万5000円か…

高いなぁ…

いやでも絶対欲しい!

ミナトくんデザインだよ?

シオリはお姉ちゃんがファンクラブ入っててこないだ抽選当たってライブ行ってきたんだって
うう、いいなあ~ 中学生はCD買うのもやっとなのに…

決めた!

私、親に頼んでみる!

私も!

お母さんよりお父さんのほうが聞いてくれそう
お父さ~ん お願いがあるのですが…

ん~?

えっ１万５０００円!?
まあどうしてもって
いうなら…
お母さんが
いいっていうなら
買ってあげるよ
やった!…って
ガク…
結局お母さんか…
仕方ない…
あの〜お母さま
折り入ってご相談が…
限定で…
ミナトくんデザインで…
これを逃したら
チャンスなくて…
はあ!?
１万５０００円の
Tシャツ!?
そんな高い服ダメに
決まってるでしょ!
お父さんのワイシャツ
だってセールで
２０００円なのよ!!
どうしても
欲しいなら
自分の
おこづかい
貯めて
買いなさい!
私のおこづかい
月３０００円…
５か月
かかっちゃうよ…
やっぱり
ダメか…

SCENE

1-2

「親権」の下にいるって、どういうこと？

成人するまでは、子どもの財産を管理する権利も親にある。「親権」は、父と母の両方がいっしょに行使していくもの。

親子間での決まりごと

メイさん、Tシャツを手に入れるのにだいぶ苦戦しているみたいですね。メイさんからしてみたら、「お父さんのワイシャツと比べられても……」という感じでしょうか。

メイさんが両親と決めたおこづかい制度は、左ページのとおり。みなさんと比べてどうでしょうか。みなさんは、ご両親からもっともらっていますか？　みなさんが何か欲しいものがあったとき、ご両親はどうしていますか？　これについて、法律の面から「親子関係」を見ると、わかることがいくつかあります。ちょっとのぞいてみましょうか。

・中学生のうちは、おこづかいは月に3000円。
・ふだん友だちと遊ぶお金は、おこづかいから。
・ジュースやお菓子代も、おこづかいから。
・部活の遠征費や参考書代など、中学校生活に必要なお金は、両親が出す。
・塾代や習い事のお金は、両親が出す。
・おこづかい以外でもらったお金（お年玉など）は、両親に預けて貯めておく。
・欲しいものがある場合には、両親に相談する。

「親権」ってなんだ？

メイさんとご両親、そして、みなさんとご両親の間には、法的に、「親子」の関係があります。親子は、私たちがこの世に誕生したら、すぐにその時点から生じる人生初の人間関係です。これは、切っても切れない強い関係です。

結婚している男女の間に子が生まれた場合だけではなく、結婚していない男女の間に子が生まれた場合も、親子といえます。また、血がつながっていないけれど、「養子縁組」という制度を活用して、親子関係をつくり出す場合もあります。どの関係も親子であり、変わりがありません。

ところで親子関係を考える場合、子が「成年」になるまでと、なってからで大きく異なります。ちなみに、成年年齢は、いまは20歳（2022年4月からは、18歳に引き下げられます）。成年年齢に達していない人を「未成年」、達している人を「成年」といいます。「オレ、精神年齢低いんだけど……」とかは全然関係ありません。自分の精神年齢は10歳くらいしかないお子ちゃまだと思っていても、20歳になれば成年です。

これを前提に、まず、「メイさんのお母さん」と、「お母さんのお母さん（メイさんのおばあちゃん）」との関係を考えてください。どちらも、親子関係がありますね。でも、お母さんは、すでに成年です。つまり、お母さんは一人前の大人です。ですから、お母さんがおばあちゃんから、「門限は20時よ」とか……「ゲームは1日に1時間まで！」とか、いちいちしつけられたりすることはありません。

これに対して、メイさんとお母さん・お父さんの関係はちがいます。未成年者であるメイさんは、まだ、判断能力や社会経験が十分ではありません。ですから、メイさんは、メイさんのお母さん・お父さんの「親権」という傘の下で守られています。

親権とは、法律上のむずかしい言葉でいうと、「親が子に対し、子の利益のために子の監護および教育をする権利および義務」のことです。もう少し簡単にいうと、メイさんのお母さんとお父さんは、メイさんの成長を支えて、ちゃんとした大人になるように教育をする権利がありますし、また、義務があるのです。これが、「親権」です。

相談するのはお父さん？

さて、マンガのメイさんは、Tシャツが欲しいということを、まず、お父さんに相談しましたね。そうしたらお父さんから、「お母さんがいっていうなら……」という弱気な返事をもらいます。ああ、めんどくさい!! 両親の意見がいちいち一致しなくたっていいじゃない、とメイさんは思います。

でも、民法にはこんな規定があるんです。

＼ 条文 ／

民法
818条3項

親権は、父母の婚姻中は、父母が共同して行う。〔以下略〕

つまり、この両親が結婚している間は、共同で親権を行使することになっているんです。なぜでしょうか？

これは、お母さんともお父さんとも、密接な関係を維持していくことが、子の成長にとってもっともいいことであり、また、お母さんもお父さんも、子の成長に対して同じように責任を負うべきだと考えられるからです。「オレは子どものことなんて興味ないから、知らん！」ではいけないんです。

みなさんが、いろいろなことを相談するのは、お母さんでしょうか？　それとも、お父さん？「これはお父さんには内緒ね……」なんてこともあるでしょう。

でも、やはり、特に、みなさんの人生にかかわる大切なことは、両親で話し合って、どのようにみなさんを育てていくかを決めなければいけません。

虐待って何？

ところで、これを読んでいるみなさんの多くは、たぶん、素敵なお母さん、お父さんに育てられていることでしょう。でも、すべての親が、きちんと子を監護・教育しているわけではありません。「しつけ」と称して、子を虐待する親もいるのです。ときに、悲しい事件が報道されていますね。

そもそも、虐待ってなんなのでしょうか？いろいろありますが、厚生労働省によるとこんなふうに分類されています。

身体的虐待　殴る、蹴る、叩く、投げ落とす、激しく揺さぶる、やけどを負わせる、溺れさせる、首を絞める、縄などにより一室に拘束するなど。

ネグレクト　家に閉じ込める、食事を与えない、ひどく不潔にする、自動車のなかに放置する、重い病気になっても病院に連れて行かないなど。

性的虐待　子どもへの性的行為、性的行為を見せる、性器を触る又は触らせる、ポルノグラフィの被写体にするなど。

心理的虐待　言葉による脅し、無視、きょうだい間での差別的扱い、子どもの目の前で家族に対して暴力をふるう、きょうだいに虐待行為をおこなうなど。

これを見ると、**殴ったり、蹴ったりすることだけが虐待ではない**ということがわかると思います。親が、親権を適切に行使しなければ、それは虐待です。

では、もしも子どもが虐待を受けてしまった場合には、どうすればいいのでしょうか。まずは、身の安全を第一に考えて、虐待が起きている環境から保護してもらわなければなりません。そのための公的な機関として、「**児童相談所**」というのがあります。児童相談所がだれかから、「あの子、虐待されているかも……」という通告を受けたら、必要に応じて、その子を一時的に保護したり、児童福祉施設などに入れる措置をとります。親が「うちの子育てに口出すな！」といっても、強制的に、子にとって必要な措置をとることができます。また、裁判所にお願いして、親の持つ「親権」を取り上げる手続きもあります（専門用語で、「親権の停止・喪失」といいます）。

親は子どもの財産も管理する

さて、マンガのシーンに戻りましょう。親権者であるメイさんのお母さん・お父さんは、メイさんの監護だけではなく、メイさんが持っている財産を管理することができます。たとえば、メイさんが中学校入学のお祝いに親戚から10万円もらった場合、お母さん・お父さんは、それをメイさんのために管理することができますし、また、貯めておくために、銀行と預金契約（簡単にいうと、10万円を銀行で預かってもらう契約）を結ぶこともできます。

＼ 条文 ／

民法824条

親権を行う者は、子の財産を管理し、かつ、その財産に関する法律行為についてその子を代表する。〔以下略〕

では、メイさんが、銀行に預けているお金を使って大きな買い物をしたいときはどうしましょうか？　その場合には、お母さん・お父さんの「同意」をもらいます。ですから、メイさんからしたら窮屈でも、ご両親と決めた「おこづかい以外でもらったお金（お年玉など）は、両親に預けて貯めておく」「欲しいものがある場合には、両親に相談する」というのは、法律にそった約束といえます。メイさんは、少なくとも未成年の間は、「私がもらったお金なんだから、何に使おうと自由じゃない！」ってキレることはできない、ということになるんですよね。

でも、例外的に、メイさんが自由に使えるお金があります。それが、「おこづかい」。民法5条3項によると、ご両親が「目的を定めないで処分を許した財産」について、メイさんは、「自由に処分をすることができる」と書かれています。まさに、おこづかいというのは、ご両親が、「何に使ってもいいよ」という約束でメイさんに渡しているお金なので、メイさんは、その範囲では何を買っても自由なのです。

うーむ、Tシャツがどうしても欲しいメイさん、どうすればいいでしょうか？　やっぱり、お母さんを説得するしか道はない。じゃあ、どうやって説得しましょうか？　いっそ、お母さん自身も、そのアイドルグループのファンにしてみるとか……。

SCENE

1-3 落としものはだれのもの？

たまる一方なんだよね
特に傘がひどくて一学期に10本は届けられるんだけどこれ以上スペースもないし…困ってるんだ
00年4月～
ふ～ん…
でもこんなにたくさんただしまっておいてもしょうがなくない?
活用できないかな
たしかに!
ちょっと生徒会のやつらと相談してみる! メイありがと!
ううん
その後…
傘の保管ルールできたんだ!
落としものとして届けられた傘のうち、所有者が特定できないものについては、落としもの管理室に1か月間保管する。もしその間に、所有者が名乗り出ない場合には、持ち主の所有権は消滅し、生徒が共有できるものとする。下校時に突然雨が降ってきたような場合に、貸し出しをする。
うん、これならしまいっぱなしの傘も役に立つし
あれ? メイ今朝傘忘れたっていってなかったっけ?
いや～新しいルールのおかげでね!

SCENE

1-3

「私のもの」と、「みんなのため」

ものを所有できることは、社会で暮らすうえですごく大事な権利。でも、自分さえよければいいという考えではなく、みんなの利益を損なわないように配慮することも大切。

「これは私のものだ！」ということ

この項で取り上げるのは、「所有権」についてです。所有権とは、簡単に表現すれば、「これは、私のもの」っていえるということです。

どういうことかというと、学校で落としものをしても、それを預かっている先生のところに行って、「私が落としたので、返してください」と頼めば、返ってきますね。「あれは、先生がもらったから。落としたあなたが悪いんでしょ。」とかはなりません。それは、その生徒がその落としものの所有者だからです。

民法という法律に、こんな規定があります。

＼ 条文 ／

民法206条

所有者は、法令の制限内において、自由にその所有物の使用、収益及び処分をする権利を有する。

そう。所有権は、法的に保障されている権利なのです。ジャイアンの名（珍？）セリフ、「お前のものは、俺のもの。俺のものは俺のもの」なんてことは成り立ちません。のび太のものはのび太のものですし、ジャイアンのものはジャイアンのものなのです。のび太が「ジャイアン、これあげるよ」とか全然いっていないのに、ジャイアンがのび太のものを取り上げることなどできません。もし取り上げられたら？「それはぼくのものだから、返して」といえるのです（これを専門的な言葉で、「所有権に基づく物権的返還請求権」といいます）。

また、所有権は、だれかに対してはいえるけれど、だれかにはいえないという権利ではありません。部活の先輩に対してでも、落としもの管理室に対してでも、学校の先生に対してでも、会社の上司に対してでも、自分の親に対してでも、国家権力（国や地方公共団体など）に対してでも、「これは私のもの！」と、堂々と主張することができるのです。

所有権は個人のがんばりを認める権利

つまり、所有権を認めるということは、自分の努力と才能で築いた財産を、自分のものにすることができて、だれからも取り上げられないということでもあります。成功した人が、たくさん所有できる（＝お金持ちになれる）しくみがあるからこそ、みんなのやる気が出て、その結果として社会全体が発展するんだともいえます。所有権というのは、とても大事な権利なんです。

所有権を持っていれば、それをどのように使うのかも所有者の自由、だれかに貸すのも所有者の自由、他人にあげたり捨てたりするのも所有者の自由となります。

自分さえよければいいの？

でも、注意してほしいのは、所有権は無制限ではないということです。たとえば、メイさんの学校では、学校に腕時計をしてくることが認められているとします。その時計は、生徒の所有物ですから、基本的にどんな使用のしかたをしてもOKです。ただし、その時計のアラームが、授業中に突然なり出したらどうでしょう？　みんながびっくりしたり、集中力が途切れて、授業のジャマになってしまいますね。

たしかに、自分のものを自分にとって便利に使いたいという気持ちは、すごくわかります。でも、学校や社会生活はひとりでは成り立ちません。ほかの人といろんな場面でつながっています。ですから、自分のものであっても、周囲の迷惑にならないように一定の配慮が必要なのです。

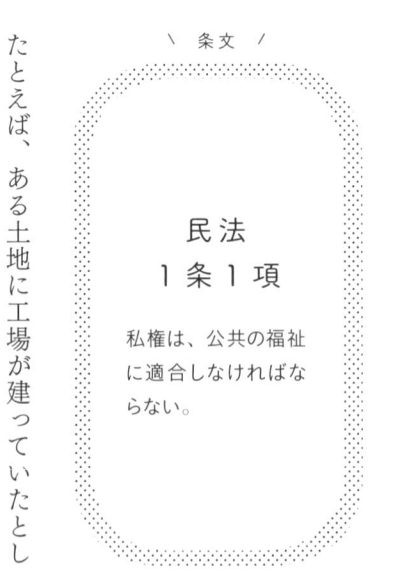

こんなふうに、配慮すべき周囲のことを、法の世界では、「公共の福祉」と表現します。権利というものは、公共の福祉に反しないように使わなければならないんです。

＼ 条文 ／

民法
１条１項

私権は、公共の福祉に適合しなければならない。

たとえば、ある土地に工場が建っていたとして、その工場が「自分の土地だから」といって、体に有害な煙をどんどん出したり、排水を川にたれ流したりしてもいいと思いますか？ それは、環境を破壊する行為であり、みんなが迷惑しますよね。ですから、そんなことがないように、法律で規制されているのです。

具体的には、土地収用法、都市計画法、森林法、航空法、建築基準法、大気汚染防止法、水質汚濁防止法、騒音規制法、麻薬取締法などなど、「**所有権を制限するさまざまな法律**」が存在しています。

＼ どうバランスをとる？ ／

自由な使用・収益・処分

↕

公共の福祉

一見すると自由のジャマをしているように思われがちな、これらの法律も、じつは「みんなが健康でいられるように衛生的にしよう」とか、「みんなが便利な新しい街づくりを進めよう」とか、「環境に配慮しよう」とか、公共の福祉の観点から、いろいろな目的を持ってつくられているんです。

落としものの傘の有効活用

さて、マンガのお話に戻ります。メイさんたちの落としもののルールを見てみましょう。生徒会役員が話し合って、落としものの傘を活用するしくみを考えてみたんでしたね。こんな感じです。

〔ルール〕

落としものとして届けられた傘のうち、所有者が特定できないものについては、落としもの管理室に1か月間保管する。もしその間に、所有者が名乗り出ない場合には、持ち主の所有権は消滅し、生徒が共用できるものとする。下校時に突然雨が降ってきたような場合に、貸し出しをする。

みなさんは、このルールに賛成ですか？ それとも反対ですか？ そしてそれは、なぜでしょうか。

繰り返しになりますが、「所有権」は私たちにとって大切な権利ですから、むやみにそれが奪われることはあってはいけません。自分の傘が、いつの間にか自分のものではなくなっていて、それに対して何も文句がいえなかったら、怖いですよね。でも、他方では、ほかのみんなでそのものをもっと有効活用したほうがいいという場面も考えられなくはありません。使われずにずっと放置されている傘なら、みんなの利益になるように使ったほうがいいかもしれませんよね。

＼ どうバランスをとる？ ／

個人の私的な所有の保護

↕

資源の社会的な有効利用

個人と社会の利益のぶつかりあい

じつは、このように、「個人の利益」と「みんなの（社会の）利益」が衝突する場面は、私たちの社会のなかでたくさんあります。たとえば、発明（法律上で、「特許」といいます）の例が挙げられます。

Q いままで治すのがむずかしかった病気に効く薬を、A製薬会社が発明した。

そのとき、べつの製薬会社であるB社が、そのアイデアを使って、同じような薬をつくって売ることはできる？

A社としては、「うちが発明したんだ！　ほかの会社に勝手に使わせない！使うのならば、お金を払ってくれ！」といいたいですよね。もしほかの会社も、そのアイデアをタダで勝手に使えるのだとすると、A社が、せっかく時間と労力をかけて発明したかいがありません。

でも、反対に、その薬をつくるアイデアを社会で自由に使えると、いいこともあります。いろいろな場所にあるいろいろな会社が、その薬を自由につくれるならば、いろいろなところに住んでいて難病に苦しんでいる人が、安い値段で薬を手に入れることができます。

だから、「個人の利益」も「社会の利益」も、どちらも保護されるような、「バランスのとれたルール」が必要になるのです。

では、今回の生徒会のルールは、どうでしょうか？　落としもの傘が届けられても、すぐに落とし主の所有権がなくなるわけではありませんね。その面で、所有権という個人の利益に配慮しています。しかし他方で、1か月間落とし主が出てこなければ、それをみんなで有効活用できるようにしています。ここで、学校全体（社会）の利益にも配慮しています。がんばってバランスをとろうとしているルールのように見えます。

「みんなで使うもの」って？

最後に、「個人の持ちもの」ではなく、「みんなのもの」についてもふれておきましょう。

たとえば、メイさんの学校には、音楽室に3台のピアノが置いてあります。それは、「学校の所有物」です。ピアノの練習をするとしても、生徒が各自で家から、いちいちピアノを学校に持ってくることはできません（……大きすぎますからね）。そうです、リコーダーを持ってくるのとはわけがちがいます。

そこで、生徒（の家庭）から授業料などを受け取っている学校が、その授業料のなかから、学校の施設の一部としてピアノを購入するんです。生徒は、授業中だけではなく、音楽の先生に許可をもらうことで、昼休みや放課後にも、順番でピアノを使用することができます。つまり、これは「学校の所有物」を「みんなで使う」しくみです。みんなで使うものですから、ほかの人に配慮しながら、大切に使わなければいけませんよね。

同じようなしくみは、学校以外にもたくさんあります。たとえば、道路。

「県道」であれば、その道路は、基本的にその県の所有物です。その県に住む人から集めた税金を使って、各地方公共団体（県）が道路をつくり、それをみんなが使うことができるというしくみです。みんなで使う道路。ルールを守って、みんなの利益を損なわないように使わなければいけませんね。

所有権は貧富の格差も生む

ところで、「みんなで使うもの」を買ったりつくったりする場合も、当然、お金がかかります。そのお金は、みんなで出し合います。では、だれがどれだけのお金を負担しましょうか？　ここで注目してもらいたいのが、「貧富の格差」です。

そもそも、私的な所有権を認めている国では、自然と、人々の間に貧富の差が生まれます。優秀な人は、その能力を活かしてどんどんお金持ちになっていき、チャンスに恵まれなかった人は、どんどん貧しくなっていってしまうかもしれません。

そこで、一部の税金などで、支払うべき額に差を設けています。本来であれば、みんなのために使う税金は、みんなが平等に負担すべきだと思いますよね。でも、それでは貧富の格差がどんどん広がっていってしまいます。そこで、たくさんお金を稼いでいる人には多めに税金を払ってもらって、それを社会に還元する制度がとられています。

このようなしくみによって、「富の再配分」がされているんです。

SCENE

1-4

学校で犬を飼いたい！

なかなか見つからないね…
このままじゃ保健所行きになって殺処分されちゃうかも…どうしよう
…というわけで引き取り手が見つからないんです
何かいい案はないでしょうか
う〜〜〜ん
…もし学校がOK出してくれるなら…
その後
2-Bで飼うことになったんだ!!
うん、掃除とか散歩とか分担して…エサ代どうするかとか、まだ色々あるけど
へーよかったねモモ!
わん!
MOMO

SCENE

1-4 人と動物って、法律上はどんな関係？

人以外の動物は、法律上は「もの」として位置づけられる。だけど、生きている存在として尊重する気持ちを忘れてはいけない。

動物ってどんな存在？

みなさんは、童謡『手のひらを太陽に』を聴いたことがありますか？

「♪ぼくらはみんな生きている」というフレーズを軸にして歌詞が進む、あの歌です。そして、ミミズ、オケラ、アメンボ、トンボ、カエル、ミツバチ、スズメ、イナゴ、カゲロウと、いろいろ出てきて、「♪みんなみんな生きているんだ友だちなんだ」と締めくくります。生きものの命の大切さを歌った歌のように聞こえますね。そして、そのような意味において、人間だってそれ以外の動物だって同じだと訴えている気がします。

では、法律上では、人間もそれ以外の動物も、どちらも同じくらいの価値のものとして扱われているでしょうか？　答えからすると、NOです。法律上、原則的に、人間以外の動物は、「もの」に近い存在として扱われます。ペットショップに行くと、よくわかります。ペットショップでは、いろんなペットを売っていますが、（少なくともいまの日本では）人間を売ってOKなお店はどこにもありません。人間以外の動物をもの（＝商品）として扱うことはできますが、人間をもの（＝商品）として扱うことはできないのです。

動物を傷つけたり、殺してしまった場合に負わされる「刑事責任（刑罰）」も同じです。基本的に加害者は、「命を奪ったり、身体を傷つけたりした」として罰せられるわけではなく、「他人が所有するものを壊した」として罰せられます。犬や猫などの「愛護動物」とよばれる動物は、「動物の愛護及び管理に関する法律（いわゆる、動物愛護法）」という法律があって、ちょっと特別扱いをされますが、それでも「人と同じ生きもの」として扱われているわけではありません。

＼ 条文 ／

動物愛護法
44条1項

愛護動物をみだりに殺し、又は傷つけた者は、2年以下の懲役又は200万円以下の罰金に処する。

子猫が生き埋めにされた事件、コハクチョウにボーガンが刺さった事件……耳をふさぎたくなる事件が舞い込んできますよね。

みなさんにとって、動物とは、どんな存在ですか？　動物を守るために、どんなルールが必要だと思いますか？

クラスでペットを飼ってもいい？

さて、メイさんのクラスでは、学校に迷い込んできたノラ犬を、みんなで世話することにしたみたいですね。飼い主のいないノラ犬は、そのままにしておくと、行政機関（保健所など）で殺処分されてしまうかもしれません。

ちなみに、環境省の資料によると、平成29年度、１年間で行政機関に引き取られた犬の数は、３万８５１１頭で、そのうち殺処分された数（引き取り手がいなくて殺されてしまった数）は、８３６２頭。そんな事実を知ったクラスのみんなが、話し合った結果、クラス全員で世話をすることにしたのでしょうか。

ただし、みなさんのクラスでもマネができるかどうかは、慎重に考える必要があります。実際に、日本では、学校（およびクラス）で犬を飼うということはほとんどありません（犬だけでなく、もっと小さな動物も含めて、動物を飼うこと自体に消極的です）。なぜでしょうか？　おそらく、越えなければならないハードルがたくさんありすぎるからだと思います。ん？　どういうことでしょうか。

犬を飼うために必要なこと

まず、犬を飼い始めるときには、飼い主としての法律上の義務がいくつかあるんです。

たとえば、飼い始めてから30日以内に（生後90日以内の場合には、生後90日を経過してから30日以内に）、住んでいる地域の市区町村で「登録」をしなければいけません。これは、だれが犬の所有者（飼い主）なのかをわかるようにするためです。

登録が完了したら、登録番号が書かれた「鑑《かん》札《さつ》」というものが渡されるので、犬の首輪などにつけます。これによって、もし犬が迷子になっても、飼い主のもとに戻すことができるんです。

それから、犬を飼っている人はたぶん知っているかな、と思いますが、「狂犬病の予防注射」を1年に1回受けさせる必要があります。予防注射をすることで、犬を守るだけではなく、飼い主や近所の人、ほかの動物への感染も防ぐことができます。この注射を受けていることの証明書を、鑑札とともに犬につけておきます。

それ以外にも、犬を飼うにあたって、法的に気をつけなければいけないことがあります。たとえば、動物愛護法や各自治体の条例によって、散歩させるときには、リード（縄や鎖）をつけるルールになっています。「犬を自由に走らせてあげたいから」と、ノーリードで散歩をさせると、罰せられる可能性もありますし、万が一、犬が通行人に噛みつくなどの事故が起こった場合には、多額の賠償をしなければならなくなるかもしれません。

＼ 条文 ／

狂犬病予防法
4条1項本文

犬の所有者は、犬を取得した日（生後90日以内の犬を取得した場合にあっては、生後90日を経過した日）から30日以内に、〔中略〕その犬の所在地を管轄する市町村長〔中略〕に犬の登録を申請しなければならない。

近所のおばさんからのクレーム？

なるほど、犬を飼うためには、法的にいろんなルールがあるのですね。でも、越えなければいけないハードルは、それだけではありません。

そもそも、学校という場所には、たくさんの生徒が集まっていて、いろんな考えや環境を持った生徒がいますよね。なかには、動物がとても嫌いな人もいるかもしれませんし、動物アレルギーを持っている人もいるかもしれません。犬の匂いが嫌いな人がいるかもしれませんし、それ以外にも、エサ代や病気になった場合の治療費をだれが出すかという問題もあります。世話するのがめんどくさいな〜と思う人もいるかもしれませんし、休み（夏休みなどの長期休暇、週末など）の間の世話をどうするか、という問題も無視できません。クラスが替わったあとのことはどうしましょう。卒業したあとは？……。

さらに、**問題は学校内だけにとどまらない**かもしれません。たとえば、近所のおばさんから、「犬の鳴き声がうるさいので、黙らせてくれ！」と怒鳴りこまれたら、どうしましょうか。もしかしたら、みなさんは、「そのおばさん、なんて心がせまいんだ！」と思うかもしれません。でも、そのおばさんにも、きっと、言い分や置かれた環境がありますよね。

いろんな人の目線で見て、問題がクリアできない限り、「責任をもって飼う」ということにはならないのです。

犬と一緒にクラスビデオを撮影する？

\ 必ずセット！ /

自由

＋

責任

さらにいうと、このような〝価値の対立〟は、人間同士だけとは限りません。「犬の気持ち」だって、無視しちゃいけません。犬にだって、「やりたいこと、やりたくないこと」があるはずです。そしてそれは、人間の目線で「やらせたいこと」や「やってほしいこと」と同じじゃないかもしれません。

たとえば、B組が、「モモと一緒にクラスビデオを撮影しよう」と企画したとしましょう。クラスのみんなにとっては、いい思い出になると思うでしょうし、「モモだってクラスの一員だもん」と考える人もいるでしょう。

でも、それって、モモも喜ぶことでしょうか？ ビデオ撮影のために、いろいろな方向を向かせられたり、じっとしてろといわれたり、お昼寝したいのに動き回らせられたりとか……。

ちょっぴり冷たいようですが、そもそも「モモもクラスの一員」というのも、本当にモモは喜んでいるかというと微妙です。いえ、私は決して、犬をかわいがることに否定的なわけではないんです。ただ、**犬側の気持ちも、慎重に考えてもらいたいな、**とは思います。犬からすれば、特定の人（いわゆるご主人）と深い関係を持ちたいのに、目まぐるしく世話する人が変わってしまったら、だれを信頼すればよいのかわからなくなってしまうかもしれません。しかも、休日になると学校にはほとんど人がいなくて、強いストレスを感じたり、孤独を感じたりする可能性はないでしょうか。

人間と同じように喜び・悲しみ・苦しみなどを感じる動物であるのならば、人間と同じように、その動物も平等に配慮すべきである、とも考えられます。先ほど、「いろんな人の目線で見てほしい」といいましたが、犬が単なる「もの」ではないのなら、さらに、**「人の目線だけで考えていないか」**も注意深く確認してほしいのです。

＼ どうバランスをとる？ ／

人の利益

↕

動物の利益

絶対的な答えがないなかで考える

さて、この項の最後に、法を学ぶときに大切なことを確認しておきましょう。この項では、「（人間以外の）動物を法的にどのように位置づけるか？」を大きなテーマにしていますが、みなさんは、どのように考えますか？「動物は、ものでしょ！」と考えますか？それとも、「動物は、人と同じでしょ！」と考えますか？それとも、べつの考えがありますか？

じつは、これに対する絶対的な解答って、ないんです。「無責任！」といわれてしまうかもしれませんが、こればっかりは、しかたありません。べつのいい方をすれば、みなさんの導き出した答えがどんなものであっても、間違いではありません。たとえば、狩りを趣味にしている人、動物愛護団体の人、環境問題に関心がある人など、自分の立場によって、全然意見もちがうでしょう。

もし四字熟語のテストで「単純□快」というのが出題されて、「明」の字が書けなければ、100％不正解です。でも、前述の質問に対する答えは、どれが正解というものではなく、また、それを導き出すための理由もひとつではありません。むしろ、やってはいけないのは、意見を持たないことです。なぜなら、**ルールは、自分たちで決めなきゃいけないか**らです。

もうひとつ大切なことは、自分の意見を持つときに、できる限り他人を説得させられる「根拠」を考えてみるということです。ひとつの絶対的な解答がない以上、他人に「あ〜、なるほどね」と納得してもらわなければいけません。そのときに、他人を説得できる理由を「がんばって探す」ことが大切です。

じゃあ、自分の意見を他人に納得してもらえるためにはどのようにすればよいのでしょうか？それは、自分の意見をできるだけいろんな方向から分析してみることです。自分の意見のメリットはなんだろう？　反対にデメリットは？　デメリットを克服するために、どんな工夫が考えられるか？　深く調べ、考えてみることが大切

……………………

なんです。

そして、ほかの人に納得してもらうことができたとき、みなさんを出発点として、人が動き、そして社会が動くのです。

SCENE

2

校則なんていらない？

ガチガチか？ ゆるふわか？

SCENE 2-1

制服だって自分流に着こなしたい！

学校はおしゃれをしに来る場所じゃないぞ!!
おしゃれがしたいなら休みの日にやれ!
ピシャーン
あ～あ
そうはいってもさ～
実際校則どおりの膝下スカートなんてダサくて履けないし!
こんなだよ!?
反省文ったって気持ちのこもってないもの書いてなんの意味があるのよー!
ねえメイ、だれにも迷惑かけてないんだから
こんな校則必要ないと思わない?
う～ん?

SCENE
2-1
「服装の自由VS制服の校則」、どっち が優先？

「好きな服を着る自由」は、どんな人にもある権利。
……だけど、制服になったらちょっと話がちがうことがある。

私たちには自由がある！

さて、おしゃれが大好きなコハルさん。きっとクラスでも、はなやかで目立つ存在なんでしょうね。では、コハルさんに制服の着こなしでおしゃれをする自由はあるのでしょうか？

まず出発点として強調しておきたいのは、一般的にいえば、コハルさんには、いつ、どこで、どのような服を着るのかについての自由があるということです。サイズも、色も、長さも自由です。これは、コハルさんだけではなく、私たちみんなに与えられている自由です。

憲法13条には、基本的人権のひとつとして

「幸福追求権」が規定されています。私たちの日常における平凡な自由も、この自由のなかに含まれていると考えることもできます。何を食べて、どこに遊びに行って、何時に寝るのか。そういう自由が私たちにはあります。

服も同じです。たとえ、「あの子の服、変だよね〜」なんて陰口をいわれても、自分が好きな服を堂々と着ればいい。その自由が、不当に奪われることはありません。自分のことは、自分で決める（決められる）。これが、幸福追求権の内容のひとつである「自己決定権」です。

＼ 条文 ／

憲法13条

すべて国民は、個人として尊重される。生命、自由及び幸福追求に対する国民の権利については、公共の福祉に反しない限り、立法その他の国政の上で、最大の尊重を必要とする。

「他人に迷惑がかからなければ」？

ところでコハルさんは、「だれにも迷惑をかけていない」といっています。この言葉、みなさんもよく聞く（使う？）かもしれませんね。たしかに、コハルさんが何をどのように着たって、だれにも迷惑はかからないように思います。

このように、「他人に危害を加えない限り、人は何をやっても自由だ」という考え方を、少しむずかしい言葉で「危害原理」といいます。制服を着なくたって、また、どのように着たって誰にも迷惑はかからない。それならば、制服を着ることを押しつけられるべきではない。そういう考え方です。みなさんは、この考え方に賛成ですか？

じつは、これは、単に学校の校則で問題になるだけではありません。もっと広く一般的に、社会のなかのさまざまな場面で登場します。

たとえば、体に悪い影響を与える薬物を自分で使って楽しむことは、自由でしょうか？　お金が欲しいから売春をすることだって、だれも損をしていないのだから、自由に認められますか？　死にたいと思っている人から頼まれて、自殺を手助けすることは、許される行為でしょうか？　「だれも何も困っていない（＝被害者がいない）んだから自由でしょ！」ということになるでしょうか。

自由は制限されることもある

法律では、**違法薬物も、売春も、自殺の手助けも認めていません。**迷惑を被る人がいなくても、それなりの意味と必要性があれば、自由を規制することもあるのです。では、今回のマンガのケースはどうでしょうか。服装の自由を規制してまで、「制服」というものを押しつける、それなりの意味（必要性）はあるんでしょうか？

Q 制服は、どのような点で役立つものだと思う？

さて、みなさんは、この質問にどんなふうに答えますか？　一般的に、学校の制服にはいくつかのメリットがあるといわれています。たとえば、着ている生徒本人が、気持ちの上で「学校内」と「学校外」のスイッチを切り替えるのに便利かもしれませんね。

また、先生や周囲の人たちが、「あの制服は○○中学校の生徒だ」というように、簡単に認識することができます。これは、たとえば生徒が犯罪に巻き込まれないよう、見守るために役立つかもしれません。

そして、このような「制服」の果たす役割は、学校の制服に限りません。職業の場でも、制服がたくさんありますね。警察官、消防士、コンビニやスーパーで働く人、病院の看護師……。

たくさんの人が制服を着ています。ここでもやはり、仕事とプライベートに区切りをつけられること、その職業に対するプライドを持つことができること、お客さんと区別がつくこと、職場での仲間意識や連帯感が持てることなどのメリットが主張されています。

このように、特定の場所で制服を着ることが指定されているのには、それなりの意味（必要性）があるようです。となると、好きな服を着る自由があっても、ただちに、「制服が私たちの自由を無意味に奪っている」とはいえません。

なんでスカートの丈まで？

じゃあ、「制服の着方」について考えてみましょう。「制服を着るか、着ないか」と、「どのように着るか」は、またべつの問題です。

「制服を着るのはともかく、スカートの長さまでとやかくいわれたくない」と考える人もいるかもしれませんね。メイさんたちの中学校は、なぜ、スカートの長さにまでルールを設けているのでしょうか。コハルさんのいうように、「余計なお世話」ではないのでしょうか？

じつは、「そこまで規制するの？」と感じる例は、校則だけではなく、実際の法律の世界にもあります。たとえば、シートベルト。車に乗るときにはシートベルトをつけないと、もし事故があったときに危険です。だから、シートベルトの着用が法的に義務づけられていますね。

たとえ、「なんとなく窮屈だからシートベルトはしたくない。もし事故にあって、ケガをしたり死んでしまったりしてもかまわない」と考えている人がいても、シートベルトの着用は法的に義務づけられます。守らなければ、法的なペナルティも科されます。そして、ここには、「あなたのためを思って、規制しているんですよ！」という考え方があります。みなさんの安全を思って、余計なお世話だと感じられるような範囲まで規制することがあるんです。

＼ 条文 ／

道路交通法
71条の3
第1項本文

自動車〔中略〕の運転者は、道路運送車両法第三章及びこれに基づく命令の規定により当該自動車に備えなければならないこととされている座席ベルト〔中略〕を装着しないで自動車を運転してはならない。

私たちは、つながっている

また、制服の着方は、純粋な意味で「自分のこと」として完結しない可能性があります。

たとえば、警察官が「このほうがイケてるから」と、パンツが見えそうなくらいズボンをずり下げてはくのはどうですか？　看護師さんが、24時間自分の好きなアイドルのことを考えていたいと、そのアイドルのバッジを制服にたくさんつけて看護服を着るのはどうですか？

たしかに、「自分のこと」だけを考えれば、制服という制約されたなかで個性を発揮することは、悪いこととはいい切れません。しかし、「この警察官に頼めば大丈夫。」とか、「この看護師さんならば安心。」というような「社会的信頼」も、とても大切です。そしてそのような信頼を、服装の面から確保する必要があります。

学校の制服の着方も同じです。「○○中学校の生徒はだらしない」と周囲の人にいわれてしまうと、学校の社会的な評価が下がります。それによって、その学校が目指している教育が実現できなくなってしまうかもしれません。ほかの生徒や、これから入学してくる後輩にも影響をおよぼしますし、また、その学校を卒業した先輩の評判がガタ落ちになってしまうかもしれません。その学校に通う以上は、その学校とつながっている人と無関係ではいられないのです。

では、この項の最後に質問です。

Q 校則が厳しい学校とゆるい学校、どちらがよい?

このような質問に、みなさんは、どのように答えますか? 厳しい校則とゆるい校則、たぶん、どちらがよいともいい切れないんです。

まず、「厳しい校則があれば、秩序が保たれてよい」といい切ることはできません。ルールがあるからこそ、違反するようなことは、コソ陰でおこなわれます。それから、なんといっても、「こうすることがあなたたちの成長のためにいいのだ」というルールが多すぎると、生徒が自分自身で、どのようにすべきなのかを考えなくなってしまうおそれがありますよね。

反対に、「校則がゆるいほうが、自由が尊重されていてよい」ともいい切ることはできません。そもそも自由というのは、何をやってもいいということを意味しません。みんなで学びの空間をつくり、お互い影響し合って学校生活を送ります。ですから、自由であればそのぶん、自分たちで考え、自分たちで適切な行動をする責任が伴います。それができなければ、その空間は、やりたい放題の無法地帯になってしまうことだってあるのです。

＼ どうバランスをとる? ／

自由な意思による
自己決定の尊重

↕

規制による
社会秩序の維持

SCENE
2-2
学校にスマホを
持ってきたら
没収!?
だだだだ　だだだ
こら！
廊下を
走るな!!
先生ゴメン！
今日だけ
許してください～
私だって好きで
走ってるんじゃ
ないんだから…
ハー
おーい
シオリいる？
どしたのメイ？
あっ
シオリ～
今日のテニス部の
練習場所、学校じゃなくて
市営テニスコートに
変更だって！
さっき顧問に
偶然会ったら
部員全員に
伝言頼まれて…
はあ!?　急!!

全部員って大変じゃん
1年には私から
伝えとくよ
やった！
シオリサンキュー！
んじゃ私は3年の階
行ってくるね！
あの子
責任感
強いよな…
ダダダ
昼休みの間に
あと5クラス…
こんなの
スマホがあれば
グループLINEで
一発なのに
うちの学校スマホ
持ってきたら
没収だからな～
あ～もう
めんどくさい!!
ダーーーッ
？

SCENE

2-2

スマホ禁止の校則って、必要？どこまでが禁止？

ルールは〝合理的な理由〟にもとづき、〝合理的な範囲〟であるべき。ほとんどのルールは抽象的につくられるので、解釈して使っていく。

学校ではスマホ禁止？

みなさんの学校は、スマホ、ＯＫですか？ある民間の研究所の調査によると、中学生のスマホ所有率は7割以上。ちなみに高校1年生になると約95％です。ここまでいくと、持っているのがあたりまえの感覚になってくるでしょうか。

でも、マンガのメイさんたちの学校は、学校でのスマホの所持を許していませんね。メイさんたちの学校に限らず、全国の中学校・高校で、学校内でのスマホの所持や使用を禁止しているところが少なくないんですよ。

ルール使いは法学のキホン

さて、この項では、「ルールの使い方」のキホンを確認しましょう。法律もルールの一種ですから、ルールの使い方を知ることは、そのまま法律の使い方を知ることにつながります。

マンガで取り上げたルール（校則）は、「学校にスマートフォンを持ってきたら、没収する」というものでした。これを法的にカッコよく示すと、次のようになります。

＼ 大前提 ／

〔要件〕
学校にスマホを持ってくる

↓

〔効果〕
そのスマホは没収される

ここで登場する「要件」とは、「〇〇〇の場合には」というくらいの言葉だと思ってください。また、「効果」とは、「〇〇〇となる」というくらいの言葉だと思ってください。つまり、学校にスマホを持ってくるということを「要件」として、その要件がそなわると、スマホが没収されるという「効果」が生じることになっています。そして、このルール全体を「大前提」といいます。

そして、大前提（ルール）に該当する小前提（具体的事実）を当てはめることによって、一定の結論が導き出されます。たとえば「〝Aくんが〟学校にスマホを持ってきた」という事実（これを「小前提」といいます）が起こると、「〝Aくんは〟スマホを没収される」という結果が導かれます。ちょっとこむずかしいですが、つまり、次のような感じです。

①【大前提】 ルール(校則)
学校にスマホを持ってくる
↓
そのスマホは没収される

↓

②【小前提】 具体的事実
Aくんが学校にスマホを持ってきた

↓

③【結論】
Aくんはスマホを没収される

このような①~③までの三段階のルールの使い方は、校則だけではなく、法律の世界にも見られます。大前提(法律)に小前提(具体的事実)をあてはめて一定の結論を出すという方法で、「法的三段論法」と呼ばれます。これは、法律の使い方の基本です。

たとえば、「刑法」という法律のなかに、「殺人罪」の規定があります(刑法199条)。「人を殺した者は、死刑又は無期若しくは五年以上の懲役に処する」という条文です。ニュースや刑事ドラマなどで、耳にしたことがあるかもしれませんね。もし、AさんがBさんを殺してしまったら、次のようになります。

---

①【大前提】 ルール(法律)
人を殺す
↓
死刑、無期懲役、または5年以上の懲役に処せられる

↓

②【小前提】 具体的事実
Aさんが人(Bさん)を殺した

↓

③【結論】
Aさんは、死刑、無期懲役、
または5年以上の懲役のいずれかに処せられる

ルールには「解釈」が必要

ただし、ルールがあれば、そこに事実を当てはめてすぐに事件が解決できるわけではありません。たいてい、ルールって、抽象的に書かれています。それは、あまりにも具体的に書きすぎると、使いにくい（たくさんの事件を処理できない）ルールになってしまうからです。

でもその結果、「この場合はどうなの？」というように、疑問が出てくることがたくさんあります。たとえば、メイさんの学校では、「スマホ」を持ってきてはいけないとなっていますが、**禁止されている範囲って、どこまででしょうか？** スマホ以外の電子機器類（たとえば、タブレット、スマートウォッチなど）ならば持ってきていいでしょうか？ また、学校に関係のないもの（トランプ、ボードゲームなど）はどうでしょうか。

また、「学校」に持ってきてはいけないとなっていますが、どの範囲をいうのでしょうか？ 校外学習のときはどうでしょう。日曜日に学校で部活の練習をするときも含まれますか？

同じことは、法律の世界でもあります。先ほど殺人罪の例を挙げましたが、それでいう、「人」ってどんな存在でしょうか？ たとえば、ＡさんがＢさんを殺そうと思ってナイフで刺したら、Ｂさんはすでに死んでいた（＝Ａさんは死体を、まだ生きていると思ってナイフで刺した）という場合、「人を殺した」といえる（＝Ａさんを殺人罪に問える）のでしょうか？

このように、抽象的な言葉で書かれている法律の言葉がどんな意味なのか、また、どのような場合にその法律が適用できるのかを考える必要があります。これを法律の「解釈」といいます。解釈しないと解決できない事件も、たくさんあります。法律の世界では、この法律の解釈をおこなうのが、**裁判所の裁判官**の仕事です。

そのルールに〝合理性〟はあるか？

では、どうしてメイさんの学校では、スマホを学校で使ってはいけないのか、考えてみましょうか。

まず決して、スマホを持ってきてはいけないルールを、「当然のこと」としては受け入れないでくださいね。「本当にこの校則、必要なんだろうか？」と疑ってみることが大切です。

そもそも、スマホって、学校生活のなかでも意外と便利に使えそうな気がしますよね。校外学習のときに写真を撮る、部活の練習開始時間や練習メニューを共有する、教師から生徒への宿題連絡などなど。また、日中は離れて過ごす家族との連絡にも便利な気がします。登下校の防犯にも使えそうです。

それなのに、なぜ、学校はスマホを禁止するのでしょうか？　これって、とても大切な視点です。自由が制限される場合、「なぜ、制限されるのか」を、ちゃんと考えられなければいけません。2-1の、制服に関する校則の例と同じですね（法の世界では、これを「立法趣旨」といいます）。

そこで、学校がスマホを禁止する理由ですが、ぶっちゃけていってしまえば、「すべての生徒に、節度を持った適切なスマホの使用が期待できない」ということだと思います。授業中に、隠れてLINEやゲームをしたりする生徒がきっといる。マナーモードにしないで、授業中にスマホが突然なり出すことがきっとある。だから、「しっかりと授業に集中できるように」、スマホを禁止するんだと思います。

一方で、ときどき、「なんでこんなルールあるの？」という不思議なルールがあります。その場合には、ルールを変えることだって考えられるのです。もちろん、学校の校則は、みなさんの意見だけですぐに変えられるわけではありません。でも、いずれにしても、ルールは決して固定的ではないのです。

すごく大ざっぱにいえば、ルールは、「合理的な理由」にもとづいて、「合理的な範囲」である必要があります。さて、〝合理的〟ってなんでしょうか? 簡単にいえば、生徒や父母や学校外の人にちゃんと説明できて、多くの人が納得できるようなことを意味します。

合理的な理由・合理的な範囲である限り、それに対して文句はいえない、ということになります。反対に、もしそのような合理性がない場合には? ルールを変えたってよくありませんか? たとえば校則は、学校が、一方的に生徒を締めつけたり抑えつけたりするための道具ではありません。また、昔は当然のことのように受け入れられた校則でも、時代の流れとともに変わっていくことだってあります。校則についていえば、「文部科学省の白書」にも、見直しの大切さが書かれているんです。

校則とは、児童生徒が健全な学校生活を営み、より良く成長・発達していくため、各学校の責任と判断の下にそれぞれ定められる一定の決まりです。校則自体は教育的に意義のあるものですが、その内容・運用は、児童生徒の実態、保護者の考え方、地域の実情、時代の進展などを踏まえたものとなるよう、積極的に見直しを行うことが大切です。

〔平成17年度文部科学白書より〕

法律だって同じです。時代の流れとともに、その内容も変わります。時代に合わなくなった法律は、改正されたり、廃止されたりします。反対に、必要な法律は、新たにつくられることになります（法律をつくったり改正したり廃止したりする作業は、立法府である「国会」がおこないます）。そう、ルールは生きているんです。

SCENE

2-3

ケンカをしたら即退学……!?

その後ジュンは病院へ行き全治3週間との診断…
〝暴力を振るい、相手にケガを負わせたら退学〟という校則にのっとりヒロトの退学処分が決定
やっぱり覆らないのかな…
うちの学校はケンカとかご法度だからね…
息子のしたことは許されることではありません
人さまのお子さんにケガを負わせて…
でもどうか退学だけは…
顔をあげてください私どももどうにもできないんです
ごめんなさい…
ごめんなさい…
殴られはしたけどあれはオレも悪かったし…
ヒロトともうサッカーできないほうがオレ、やだよ…
あのとき私が先生を呼びに行く前にみんなで止めてたら…

SCENE

2-3

ルールを破ってしまったらどうなるのか？

なんらかのペナルティが与えられる場合もある。そのペナルティは、きちんと手続きを踏んで決定されなくてはいけない。

学校のルールを破ったらどうなる？

学校には、校則を頂点としていろんなルールがあります。みなさんも、「今日、先生に怒られた〜〜」なんてことがありますよね。それは、なんらかのルールを破っているからだと思います。

では、〝ルールを破る〟とどうなるのでしょうか？　先生から怒られて、はい、おしまいという場合もあるでしょうが、ときには、**なんらかのペナルティがある場合もあるでしょう。**

放課後に居残りをさせられる、追加の宿題が出される、教室内で立たされる、掃除や学校当番を割り当てられる、練習に遅刻したので試合に出させてもらえない、などなど。……ちなみにこれ全部、昔、私がやらされたものですが(苦笑)。

このようなものを、広い意味で、「懲戒」といいます。実際の、法律の世界でのお話はあとでしますが、教育の世界での「懲戒」とは、生徒の問題行動を反省させて、立ち直らせ、ちゃんとした学校生活を送れるようにするためにおこなわれるものといわれています。

\ 条文 /

学校教育法11条

校長及び教員は、教育上必要があると認めるときは、文部科学大臣の定めるところにより、児童、生徒及び学生に懲戒を加えることができる。ただし、体罰を加えることはできない。

「懲戒」って、懲らしめる、戒めるという字が使われていて、かなりキビしいイメージがあります。でも、学校は教育機関ですから、懲戒も、悪いことをした生徒にただ苦痛を与えるものではありません。そこには、「その生徒を成長させるために教育する」という目的があります。そういう意味で、同じ「懲戒」でも、大人で、仕事中の従業員が不正な行為をした場合(たとえば、会社の秘密を勝手に他人に漏らしたり、仕事をさぼってどこかで遊んでいたりした場合)に制裁を加えるものとは、少しちがった意味があります。

なお、先ほど示した(私が体験した)さまざまな懲戒の例よりも、もっと重い懲戒として、「訓告」、「出席停止」、「停学」があります。そして、もっとも重いものとして、「退学」があります。退学とは、要は、学校をやめさせられることです。中学校でも私立中学校には、退学処分があります。

\ どうなる？ /

学校の
ルールを破る

↓

懲戒を受ける

「退学」という懲戒が持つ意味

メイさんの学年で起きた事件で、ヒロトくんは学校を退学になってしまいました。キビしいですね。……しかし、懲戒も一種の教育なのだとすると、「退学」という懲戒があるのは少し変な気もしますよね。なぜなら、退学させてしまったら、もはや学校はヒロトくんを教育できないからです。

そもそも、「生徒が学習する権利」って、とても尊いものなんです。いま日本で学校に通っているみなさんには、当然のことのように思えていまいちピンとこないかもしれませんが、学ぶ権利がしっかり確保されていなかった時代や国は、たくさんあります。

１９８５年に開催された第４回ユネスコ国際成人教育会議の「学習権宣言」によると、

学習権とは、
読み書きの権利であり、
問い続け、深く考える権利であり、
想像し、創造する権利であり、
自分自身の世界を読み取り、
歴史をつづる権利であり、
あらゆる教育の手だてを得る権利であり、
個人的・集団的力量を発達させる権利である。

としています。そしてこのような学習権は、基本的人権のひとつであり、時間が経っても決して変わることのない大切な権利であるとしています。さらにそれは、どのような国のだれにでも与えられるものだとされています。

このようなことからすると、やはり「退学」は、最後の手段と考えるべきですね。日本においても、退学という処分が認められるのは、とんでもなくおこないが悪くて改善の見込みがないとか、学力が著しく劣っていて改善される見込みがないとか、正当な理由がないのに学校に登校しないとか、学校の秩序を乱すなど、生徒としての本分に反する場合などに限定されるのがふつうです。

やっぱり、その生徒がやってしまったことの内容と懲戒の間に、均衡（簡単にいえば、「そんなことをやってしまったのなら、このような懲戒を受けてもしょうがない」と考えられるような関係）がなければいけません。

法の世界でも同じ

さて、学校の外ではどうでしょう。法の世界でも、法に違反すると、ペナルティが科される場合があります。

典型的なものは、「犯罪」をした人に対して、国が、一定の「刑罰」を科すというものです。

＼ どうなる？ ／

犯罪をする

↓

刑罰が科される

人の物を盗んだ場合（窃盗罪・刑法235条）や、人を殴ってケガをさせた場合（傷害罪・刑法204条）に、その人は「犯罪者」となり、場合によっては刑務所に入れられる……なんてことを、みなさんもご存じでしょう。刑法9条には、いろいろな「刑罰」の種類が規定されています。

＼ 条文 ／

刑法9条

死刑、懲役、禁錮、罰金、拘留及び科料を主刑とし、没収を付加刑とする。

犯罪者の生命を奪う「死刑」、犯罪者の自由を奪う「懲役」、「禁錮」、「拘留」、犯罪者の財産を奪う「罰金」、「科料」があります。また、これらの刑罰に加えて、「没収」が追加される場合（たとえば、殺人に使った金属バットや、窃盗によって盗んだものなどを犯人から取り上げるなど）もあります。

刑罰はただ痛めつけるだけじゃない

では、犯罪者に対して、なぜ、このような刑罰が科されるのでしょうか？　大きく分けると、2つの考え方があります。

ひとつには、「悪いことをやったのだから、それだけの報いを受けてもしょうがないでしょ。被害を受けた人の気持ちにもなってみなさい」というものです。「目には目を、歯には歯を」という言葉を聞いたことがありますか？これを「応報刑」的な考え方といいます。

そしてもうひとつは、「犯罪がふたたび起こらないように、犯罪者に対して社会的な教育を行おう」というものです。**犯罪者を教育して改善させる**ことによって、社会を守ろうとするのです。これを「目的刑（教育刑）」的な考え方といいます。

応報刑が、うしろ向きの（＝過去にやってしまった犯罪を償いなさいという）思考であるのに対し、目的刑は、前向きの（＝これから犯罪が起きないようにどうすればいいか考えようという）思考であるといえます。この2つの考え方は、刑罰の本質を示していて、どちらが正しいというわけではありません。

いずれにせよ大切なことは、死刑とならない限りは、犯罪をした人でも、刑を終えれば必ずだれかの隣に住むということです。そのときに、みんなが安心して暮らせる社会を目指さないと、刑罰を与える意味がありません。だとすれば、刑罰は、単に受刑者を肉体的・精神的に痛めつければいいわけではなく、受刑者が社会復帰をするための教育的プログラムとして、意味のあるものでなければいけませんよね。

純粋な教育としての意味を持つ「教育現場での懲戒」と、犯罪者に対する「刑罰」を並べるのは簡単ではありません。でも、先ほど説明したような、刑罰の教育的な側面に注目すると、共通点もある程度、見出せるかもしれませんね。

手続きの大切さ

もうひとつ、重要なことを。「手続き」についてふれておきましょう。

今回のマンガでは、ヒロトくんが退学になってしまいました。でも、結果として退学になるとしても、〝適正な手続きによって〟退学が決定されなければいけません。たとえば、ヒロトくんがジュンくんを殴っている現場にかけつけた先生が、「お前は退学だ！　明日からもう学校に来るな！」とかいって、すぐに退学させられるわけではありません。

手間がかかるようですが、「きちんとした手続きがとられること」が大切です。どのようなことが起きたのかという事実をちゃんと把握して、ヒロトくんにも弁明の機会（ヒロトくんからの言い分を聞く機会）が与えられなければいけません。そのうえで、学校側が時間をかけて話し合い、組織として責任をもって、「退学にすることが妥当である」という結論に至る、というプロセスをたどるのが大切です。

そうでないと、どういうことが起こりうるでしょうか？　たとえば、先生が気に入らない生徒は、なんの言い分も聞いてもらえないまま、かたっぱしから退学させられるなんてこともありえるんです。

再度、法の世界でも……

この手続の大切さは、法の世界でも同様です。たとえば、AさんがBさんを殺してしまったとします。Aさんが逮捕された後、「じゃあ、いますぐAさんは死刑ということで……」とはならないんです。

みなさんがニュースを見たり、新聞を読んだりするなかで、凶悪犯罪があったことを知る機会もありますね。なかには、「この犯人、人として絶対に許せない。同情の余地なんかないわ！」と思う場合もあるでしょう。私も、同じ気持ちになるときがたくさんあります。でも、だからといって、その人を直ちに死刑にしていいというわけではないんです。

本当に、その人が殺したのか。なぜ殺したのか。めんどうなようですが、法律で定められた手続きによって（みんなに公開されている裁判を受けるなかで）、何があったのかをしっかり調べて、被告人（犯罪をしたと疑われている人）の言い分なども聞いたうえで、はじめて刑罰が与えられるのです。そのような手続きによることを、憲法が国民に保障しています。

＼ 条文 ／

憲法31条

何人も、法律の定める手続によらなければ、その生命若しくは自由を奪はれ、又はその他の刑罰を科せられない。

もしそれが保障されていなかったら、国家にとって気に食わない国民は、みんないつの間にか死刑なんてことだって起こりうるのです。

……………

ルールの内容が正しくても、「そのルールを適用するための手続き」が正しくなければ、みんな安心して暮らせませんね。

SCENE 2-4

どこからが、いじめ？

は、何？
ウルサ…
でさ～
マジ？
あいつらもよく構うよね～
つか優しくね？逆に
ギャー
おい！お前ら何やってるんだ
は？なんもしてませんって
ただのじゃれ合いですよ～
やめなさい!!
こいつだってべつに文句いってないでしょ？
これくらいの悪ふざけ中学生ならふつうですよ～w
……
……
な!!リョウ
オレら仲良しだもんな

SCENE

2-4

〝いじめ〟って、犯罪なの？

暴力や物を壊すことだけでなく、ネットに悪口を書いたり相手の嫌がることを無理にさせるのも、れっきとした犯罪にあたる。

「いじめ」ってなんだろう？

さて、みなさんは、マンガのリョウくんが「いじめ」を受けていると思いますか？　受けていると思うのであれば、どの部分がいじめだと思いますか？

私は、マンガに出てくるすべてのことが、いじめにあたる可能性があると思います。それはなぜでしょうか？

その答えは、「いじめって何か？」のなかにあります。日本には、「いじめ防止対策推進法」という法律がありますが、その法律2条1項は、いじめを次のように定義しています。

＼ 条文 ／

いじめ防止対策推進法2条1項

この法律において「いじめ」とは、児童等に対して、〔中略〕一定の人的関係にある他の児童等が行う心理的又は物理的な影響を与える行為（インターネットを通じて行われるものを含む。）であって、当該行為の対象となった児童生徒が心身の苦痛を感じているものをいう。

ちょっとわかりにくいでしょうか。つまり、いじめとは、ある生徒（加害者）が、ほかの生徒（被害者）を精神的に、または肉体的に攻撃することで、被害者の心や体が傷ついたり、被害を受けて苦しんだりすることを意味します。何がいじめにあたるのかは、決して形式的・表面的に決まるものではありません。ときに、悪ふざけ、遊び、じゃれ合いの感覚でされる場合もあります。そしていちばん大切なことは、加害者の生徒にいじめている自覚がなくても、被害者が苦しいと感じれば、それはいじめになりうるということです。「ふつうなら、これくらいは大丈夫でしょ」というのは通用しません。相手方が傷つけば、それは、いじめとなるのです。

なお、いじめは、大人の目につきにくい場所や形でおこなわれる場合も少なくありません。陰湿ですね。いじめられる側の生徒も、「親などに心配されたくない」とか、「先生にチクったら、仕返しが怖い」という気持ちが先行して、隠す場合もあります。また、最近は、SNS上でなされるいじめも増えています。気軽に使えるスマホなどは、いじめの現場になりやすいのかもしれません。

いじめたら、どんな法的責任を負うのだろう

読者のみなさんにわかってもらいたいのは、

「いじめの多くは、刑法上の犯罪にあたる行為だ」ということです。軽く考えてはいけません。国家から刑罰が与えられる、れっきとした犯罪なのです。

どんな犯罪にあたるのでしょうか？　たとえば、下のような感じです（図表のなかの「〇〇条」というのは、全部、刑法の条文を指します）。

それ以外にも、犯罪になるかどうかとはべつに、加害者が被害者に賠償する（多額のお金を支払う）という法的な責任も発生します。いわゆる「民事責任」というものです。それだけ、いじめは、人としてやってはいけないことなんです。

だれがいじめの加害者なんだろう？

もうひとつ、いじめの加害者ってだれなのか、考えてほしいと思います。先ほど挙げた、リーダー格の生徒がリョウくんの頭を小突いた場面

＼　どんな罪にあたる？　／

- 体操服をぼろぼろにしたりするのは、器物損壊罪（261条）です。物を壊さなくても、教科書にいたずら書きをする、かばんに泥を詰めるなど、相手の持ち物を激しく汚したり、また、上履きをどこかに隠したりする行為でも、同じ罪に問われます。
- 相手に暴力をふるえば、暴行罪（208条）になります。髪をひっぱったり、物を投げつけたりすることも暴行罪です。暴力をふるった結果、相手がケガをすれば、傷害罪（204条）という、もっと重たい罪に問われます。
- 多くの人が耳にする状況で、相手を「ウザイ」「キモイ」などと侮辱することを言うのは、侮辱罪（231条）に該当します。ネット上で悪口や評判を落とすようなことを言いふらすことは、もっと重たい名誉毀損罪（230条）に問われることもあります。
- 「先生にチクっただろ。殺す」などといって、相手を怖がらせれば、脅迫罪（222条）です。虫を食べるように強要するなど、相手が嫌がっているのに、それを無理矢理させることは、強要罪（223条）です。カツアゲなど、脅してお金を無理やり出させるのは恐喝罪（249条）ですし、脅す程度が強ければ、より重たい強盗罪（236条）になります。
- 無理やり裸にさせるのは、いやらしい感情がなくても、強制わいせつ罪（176条）になります。

を考えてみましょう。

なるほど、直接的にリョウくんを小突いていたのは、リーダー格のみ。まぁ、一緒にいた残りの2人も同じくらい悪いかもしれません。でも、問題があるのは、その子たちだけでしょうか？　いじめは、いじめた子（加害者）といじめられた子（被害者）という「二者の対立関係」だけだと考えてはいけません。どういうことでしょうか？

周囲で、はやし立てたりおもしろがったりしていた生徒はどうですか？　その生徒は加害者ではないですか？　たしかに直接的に関与していません。しかし、いじめを肯定的にとらえている「観衆」ということができます。

また、見て見ぬふりをしている生徒も、私たちは無関係だといい切れますか？　いじめを否定しない「傍観者」は、場合によっては、いじめをやめさせようと思っている生徒に対して無言の圧力をかける存在になっていることも少なくありません。観衆だけではなく、傍観者ですら、いじめに加担しているのと同じだという考えもあります。

もしかしたら、読者のみなさんのなかで、「そんなきれいごといったって、優等生ぶっていじめを止めたら、今度は自分がやられる立場になるかもしれないじゃん」と思う人がいるでしょうか。そのとおりです。だから、私は、観衆や傍観者を軽々しく批判する気にはなれないのです。止める勇気がないだけで、本当はその生徒たちも傷ついているかもしれません。

ただ、私がみなさんに伝えたいのは、いじめを、加害者と被害者の個人的な問題（いわゆる「個」の問題）ととらえるのではなく、クラスなどの集団全体の問題としてとらえることが大切だということです。いじめが起きる現場と、その現場にいる人〝全員〟との間に、なんらかの因果関係が、必ずあると考えるべきなのです。

法の力を頼ってほしい

こんなことを書いている私には、少し、うしろめたさがあります。というのも、大人は、こぞって「いじめは、いけない」といいますが、そんな大人の世界にも、平気でいじめがあるのです。

大人の世界の場合、「ハラスメント（いやがらせ）」という形で現れますが、大きな意味では、いじめもハラスメントもちがいはありません。そして、ハラスメントは、社会のなかから全然なくなりません。セクハラ（セクシャル・ハラスメント）、パワハラ（パワー・ハラスメント）……。

ただ、大人は、読者のみなさんたちよりは少しだけ人生の経験が長く、それだけ嫌な思いもたくさんしているので、法を使って抵抗する方法を知っている場合が多いです。でも、みなさんのような学校の生徒は、とかく、法の世界や大人の世界に頼らず、子どもの世界のなかだけで解決しようとしがちです。気持ちはわかりますし、実際に、それがみなさんを精神的に成長させる可能性もゼロではありません。しかし他方で、いじめられた子が不登校になってしまったり、自殺してしまったりするなど、取り返しのつかない悲しい結末になる場合もたくさんあります。

ですから、もしみなさんがいじめを受けた場合には、ひとりで悩まず、まずは、だれか信用できる大人に相談をしてください。また、読者のなかに、もし、抵抗する術を知らずに悩んでいる大人が交ざっていたら、その人も同じです。

そして、場合によっては、「法」に頼りましょう。**法は、いじめの被害から脱出するための有力な手段のひとつな**のです。

「いじめられる側にも原因が」?

ところで私たちは、油断するといつの間にか、「いじめの加害者」になっていることもあるということを忘れてはいけません。先ほど確認したとおり、いじめは、「相手がどう感じるか」が大切です。わざと相手を傷つけるのは論外ですが、知らぬ間に傷つけることだってあるのです。

そこで、この項の最後にひとつ質問です。

Q いじめはたしかに悪いことだけど、いじめられる側にも、いじめられる理由(原因)がある場合が多いので、一方的にいじめる側だけが悪いわけではないと思う?

この問いに対する正解は、ひとつしかないと私は思います。いじめられる側にも落ち度があるからいじめが起こるということは、絶対にありません。というよりも、そのように考えてはいけないと思います。その子が、いじめられる原因はなんでしょうか? 少し変わったところがあるから? 性格が悪いから? 何かが劣っているから?

でも、考えてください。完璧な人など、どこにもいません。私も含めて、みんな少しずつ変わったところを持っているし、至らないところがあるし、不得意な分野があります。「あいつは○○だから、いじめられてもしょうがない」というのは、自分を、そしていじめを正当化するための道具(言い訳)にしかすぎません。

SCENE

3

法はみんなの大切なものを守る

「お互いを認める」ということ

SCENE 3-1

インスタにウソの投稿をしたら？

どうも お待たせ しました
いえいえ〜

さっ 帰ろ帰ろ
その後…

うそ〜

マジで!?

シバヤンとコイズミちゃんが…

路チューだって!

カナタの盛ったウソが校内のみならずネットで拡散…

つーか先生が路チューって…

ヤバくね!?

娘の学校じゃないか!

あらやだ…

え〜

奥さん聞いた?

とうとうクレームの電話が学校にかかってくる始末
おたくの教員の風紀はどうなってるんだ!!

ええ!?

あなた達ホントにそんなことを?

事実無根ですよ!

あの写真の場所学年の親睦会のときのだしそれ以外でシバタ先生と外で会ったこともないし…

とにかく父兄に説明しなくちゃ…

明後日緊急の父母会をします!!

ええ〜

なんでこんなことに…

ヤ… ヤバすぎる…

SCENE

3-1

「表現の自由」VS「名誉&プライバシー&肖像」

だれかの名誉、プライバシー、肖像を侵害する表現は認められない。場合によっては、損害賠償を求められることもある。

自由に表現するということ

いま、みなさんのまわりには、だれかに自分を知ってもらうツールがたくさんありますよね。その中心になるのがSNS（ソーシャル・ネットワーク・サービス）。13歳になると自分でアカウントを持てるSNSが増えます。マンガのカナタくんも、インスタ（Instagram）への投稿に夢中のようです。

まず、みなさんには、憲法上で、基本的人権のひとつとして「表現の自由」が保障されています。つまり、みんな自由に表現活動をすることが認められていて、国家権力（国や地方公共団体）は表現の自由を侵害してはならないのです。

条文

憲法
21条1項

集会、結社及び言論、出版その他一切の表現の自由は、これを保障する。

この表現の自由は、基本的人権のなかでもすごく重要な権利です。なぜでしょうか？

まずは、いろんな表現活動を通じて、自分自身を成長させることができます。好きな服を着て、好きな髪型をして、好きな歌を歌い、いろんな人と話して、ときにはちがう意見とぶつかって、自分を振り返って、コミュニケーションをたくさんして、そのなかで毎日成長するのです。何歳になっても、人として成長することができます。これを「自己実現」といいます。表現の自由は、自己実現のためにとても大切なものです。

それだけではありません。みなさんは、みなさんの社会がどのようなものであったらいいか、いろいろな場所でいろいろな人と自由に話し合うことができます。ときには、国を動かしている政治を批判することだってできます。自分の意見を発信し、また、適切な情報を手に入れ、選挙を通じて、「政治的な意思決定」に参加することができます。これを「自己統治」といいます。自己統治が認められることは、いま暮らしている「民主主義」の国にとって生命線となります。日本だけではなく、自由な国には、表現の自由が認められています。

ですから、みなさんにもその友だちにも、表現の自由はあります。身のまわりで起こった発見、自分の趣味、知ってもらいたいなぁということを自由に発信することができますし、同じように、友だちの情報も自由に受け取ることができます。それを国家が監視し、国家の都合で勝手に規制をするなんてことにはなりません。

名誉ってエラい人のもの？

情報を発信したり、受け取ったりするために、インスタをはじめとするSNSはとっても便利ですよね。でも、使い方には気をつけなければいけません。いくら表現の自由があるからといって、**他人を傷つけてはいけない**のです。他人を傷つけるって、いったいどういうことでしょうか？

まず、みなさんはだれでも、「名誉」というものを持っています。名誉というと、エラい人だけが持っているような感じがしますが、そうではありません。だれでも持っています。名誉というのは、その人が社会から受けている評価のことです。シバタ先生やコイズミ先生にも、名誉があります。

そして、カナタくんがインスタに無責任な記事と写真をアップしたことで、シバタ先生やコイズミ先生が、精神的に傷ついただけではなくて、シバタ先生やコイズミ先生を見る社会の目が、とても批判的になってしまいました。「あの人は、先生にふさわしくない！」と思う人が増えるのです。そのように、社会的評価が損なわれてしまうことを、「名誉毀損《きそん》」といいます。

同級生の悪口をいうのだって同じです。匿名を利用して、あることないこと、おもしろおかしく書き込むネットでのいじめも、場合によっては名誉毀損になりうるのです。

＼ 条文 ／

刑法230条1項

公然と事実を摘示し、人の名誉を毀損した者は、その事実の有無にかかわらず、3年以下の懲役若しくは禁錮又は50万円以下の罰金に処する。

「名誉毀損罪」は、まぎれもない犯罪行為です。それに加えて、名誉を毀損した人は名誉を毀損された人に対して、「損害賠償（被害者にお金を支払うこと）」をしなければなりません。

「プライバシー」と「肖像」

ＳＮＳを使うときには、名誉とはべつにもうひとつ、他人の「プライバシー」にも配慮しなければなりません。よく耳にするこの言葉、プライバシーってなんでしょう？

プライバシーとは、簡単にいえば、その人が他人に秘密にしておきたい事柄のことです。名誉のように、社会的評価が下がるかどうかは、関係ありません。だれでも、他人にいいたくない、知られたくないことってありますよね。それが勝手に公開・公表されて、公開・公表された人が不快・不安を感じたら、「プライバシーの侵害」となります。

たとえば、居酒屋でアルバイトをしていた店員が、「アイドルグループの〇〇ちゃんが、来店なう。唐揚げ食いながら、めっちゃ酒飲んでる……(、∀、)」なんて投稿したら、どうですか？

アイドルだって、プライベートがあります。いまどこにいるかとか、何を食べているかなんて、他人に知られたくないかもしれません。まして、大食い、大酒飲みなんて書かれ方……。今回のマンガの事件だって、もしかしたら、コイズミ先生、懇親会をしていたことを人に知られたくなかったかもしれません。

それから、もうひとつ。みなさんは、それぞれ「肖像権」というのを持っています。肖像権とは、簡単にいえば、勝手に撮影されたり、それを公開されたりしない権利です。同じ学校の生徒といえども、先生のことを勝手に撮影してそれを勝手に公開してはいけません。

友だち同士だって、注意しなければ、トラブルになるでしょ？　カナタくんが、友だちとグループで遊びに行ったときに撮った写真を、勝手にSNSにアップしたらどうでしょう。勝手にタグ付けをしたら？　それを見たべつの学校の人が、カナタくんに、「この子、かわいいね（かっこいいね）！　この子の住所教えて！」と頼んできたので、カナタくんが勝手に友だちの住所を教えてしまったら？……。

いまは、機械の技術が発展しているから、情報のやりとりがとても便利な時代だけれど、それだけ**すぐに拡散してしまいます。**そして、一度拡散したら、その情報を完全に消すことはほとんど不可能で、コントロールできないところで、インターネットのなかをさまよい続けます。SNSに他人のことを書くということは、プライバシーの観点からも、肖像権の観点からも、十分な配慮が必要なんです。

さて、もうわかりますね。カナタくんの軽はずみな行為は、他人の名誉やプライバシーや肖像を侵すおそれのある行為です。

＼ どうバランスをとる？ ／

表現の自由

↕

名誉・肖像・プライバシー

「さらし投稿」は認められる？

さて、ここで応用編。ひとつ質問です。

Q　カナタくんが下校時に電車に乗っていたら、前の席に座っていた男性が、隣に座って寝込んでいた女性の体を触っているように見えた。そこで、正面からその現場をスマホで撮影して、帰ってからすぐに、「このエロオヤジ、痴漢してました」という記事をアップ。みなさ

んは、カナタくんの行為を正しいと思う？

いわゆる「さらし投稿」ですね。「犯罪をしているやつを許せない」「犯罪に巻き込まれている人がいれば助けたい」という正義感って、もちろん、とても大切です。

ただ、気をつけなければならないこともあります。まず、犯罪をしていたのは、本当に間違いありませんか？　もし、カナタくんの見間違いで、じつはその人は犯罪をしているわけではなかった（＝冤罪だった）らどうしますか？　カナタくんは、責任をとることができません。また、そもそもカナタくんは、犯罪者を処罰する権力を持っているわけではないんです。「私刑」は、日本では認められていません。

つまり、他人のことをネットにアップすることには、すごく慎重になるべきなんです。もし、犯罪行為に出会ってしまったら、犯罪を捜査することが認められた存在である「警察」に任せることを第一に考えてください。

そうそう、最後にあともうひとつだけ。政治家のスキャンダルが、週刊誌に載ることがありますよね。「国会議員〇〇、不倫疑惑。手つなぎデート！」みたいな。あれは、名誉毀損とかプライバシー侵害にならないのでしょうか？

もちろん、度が過ぎれば、責任が問われる場合もあります。でも、政治家が起こしたスキャンダルは、その人が私たちの代表（政治家）としてふさわしいかを判断し、選挙のときにその人を選ぶかどうかに、大きく関係します。つまり、「社会みんなの利害に関係すること」です。そこには、「知る権利」があります。ですから、そのぶんだけ、表現の自由が強く保障されることになります。つまり、カナタくんがインスタでシバタ先生やコイズミ先生をネタにするのとは、少し意味がちがってくるのです。

SCENE

3-2

あの子のいちばん大切なもの

この前なんて…

おはようワタル！今日私たち日直だよ！

……

日誌もう受け取った？

……

男子の体育は今日どこでやるの？

……

ちょっと！

人が話しかけてるんだから答えてよ！なんで無視するの！

…………

今日の占いで「余計なことを言うと失敗する」っていう結果だったから誰ともしゃべらない
ス。。。

な、な、なにそれえ〜〜〜

し〜ん
ワタルのやつすでに失敗してないか？

ねえ…

SCENE

3-2

何かを信じる自由、考える自由

どんなものを信じ、どのように考えるのかは個人の自由。でも、人の信じる気持ちを、悪い目的に利用することは許されない。場合によっては、法の力でストップをかけることもある。

何を信じ、考えるかは自由

みなさんはだれでも、心のなかで何を考えたって、自由です。また、「だれの言葉を信じて」、「どのように行動するのか」も、基本的に自由です。精神的な面で特に大切な部分については、憲法が保障しているんです。

憲法19条は、「思想・良心の自由」を保障しています。思想・良心とは何かというと、世界観、人生観、主義、主張などを指します。そして、それがその人の内心の領域（心のなか）にとどまっている限り、国という権力からそれをジャマされることは絶対にありません。国から、特定の考え方を強制されることはありませんし、また、特定の考え方を持っていたから不利に扱われるということもありませんし、そして、どんな考え方を持っているのかを教えるように強制されることもありません。

また、憲法20条は、「信教の自由」を保障しています。私たちはみんな、特定の宗教を信仰すること、または信仰しないことを、自分自身で決定する自由を持っています。踏み絵のように国家から信仰の告白を強制されたりすることもありませんし、特定の宗教を信仰することで利益を受けたり、反対に不利益を受けたりすることもありません。

＼ 条文 ／

憲法19条

思想及び良心の自由は、これを侵してはならない。

憲法20条1項前段

信教の自由は、何人に対してもこれを保障する。

命をかけても大事にしたいもの？

さて、マンガのワタルくん、ずいぶんと占いにハマっていますね。みなさんは、ワタルくんのように占いを信じて、自分の行動を決めることがありますか？　それとも、そんなのアホらしいと思いますか？　ちなみに私自身は占いを信じていないのですが、少し信じる人や、どっぷり信じる人もいますよね。

何かを信じるのも、信じないのも自由です。何を信じるのかも自由です。信じる対象が、尊敬する先生のいうことでも、いつもみなさんの味方になってくれる両親のいうことでも、自分自身の感性でも、そしてタロット占いでも、自分が信じたいという気持ちを、だれからもジャマされません。みなさんの社会は、自分とはちがう、いろいろな考え方を持った人がいて、一緒に社会をつくっています。みなさんも、「自分とはちがう他人」を認めて、尊重する必要があります。

では、何を信じても、それは〝例外なく〟尊重されるのでしょうか？ ワタルくん、占いを信じて学校ではだれともしゃべらないなんて、ちょっと極端だし、クラスのみんなもあきれ顔ですね……。それでも、ワタルくんがよいのであれば、そのジャマはできません。

でも、ときには、自分が信じる考え方が、「命がけ」の場合もあります。たとえば、「手術をすることになっても、宗教上の理由で、輸血は絶対にしないでもらいたい」と考える人がいた場合は、どうでしょうか？ 手術には危険がつきものです。手術中にたくさん出血をしてしまって、輸血をすれば助かるけれど、輸血をしなければ死んでしまうというような状況があったとしたら？ みなさんは、「本人が輸血をしたくないといっても、命は大切だから、輸血をすべきだ」と思うかもしれませんね。

その通り、人の命は、重たいです。**「ひとりの生命は、地球よりも重い」**といわれたりもします。でも、その命をかけても守りたい考えがあれば、そこに他人が土足で入ることはできない、とも考えられます。もし医師が、「命が大切だから……」と、無輸血を希望している患者さん本人に、何も説明しないで輸血をしてしまったら、どうでしょうか？ じつは、最高裁まで争われて、患者さんの思いをくみ、医師の責任（損害賠償）を認めた判決もあるんです。命をとるか、信条をとるかは、とてもデリケートな問題なのです。

じゃあ、無輸血を希望している患者さんが、13歳くらいの中学生だったらどうでしょうか。同じように考えてもいいでしょうか？ 本人は明らかに「輸血してほしくない」と考えていたとしても、その子が、輸血をしないことによって自分に降りかかる不利益（たとえば、最悪は死んでしまうという危険）を「十分に理解できているかどうか」は慎重に考えなければならないんです。医療現場では、現在、ガイドラインが出されていて、18歳以上、15歳以上18歳未満、15歳未満の場合に分けて、どれくらい輸血拒否に関する本人の意思を尊重するか、異なるルールが定められています。

親の言いなりになるべき？

じゃあ、次のような場合はどうでしょうか？

Q 13歳の子が手術をすることになった。その子の両親は、「どのような状況になっても、絶対に手術の際に輸血はしないでもらいたい。子どもが死んでもかまわない」といっている。でも、本人は「命が危なくなったら輸血をしてほしい」と医師に頼んだ。このような場合、必要に応じて輸血をすべきだと思う？

1－2でもお話ししたとおり、親は、自分の子どもに対して、親権を持っていましたね。そのような意味において、未成年の子どもは、自分のことをすべて自分で決めることができません。親の監督の下で、いろんな制約を受けます。医療についても同じです。医師が子どもに医療行為をおこなうときには、一般的に、親の同意が必要です（これを、「医療同意権」といいます）。

では、今回のケースはどうでしょうか？　子どもは生きるために輸血を望んでいるけれど、親が同意してくれません。この場合、輸血はできないのでしょうか？　親の信じるところに、子どもの生命（生き続けられるかどうか）が左右されていいのでしょうか？　このような行為は、一種の虐待（特に、ネグレクト。27ページ参照）ととらえることはできないでしょうか。

法律の世界では、「親権停止」という手段があります。親が、子の監護および教育をする義務をしっかりと果たしていない場合（26ページで出てきた言葉ですね）、児童相談所などが、家庭裁判所に「このままでは、この子の利益にならないから、親が持っている親権を一時停止してくれ」と求めます。そして、親の代わりに、児童相談所が輸血手術の同意をすることによって、その子に対して、輸血をともなう手術ができるようになります。

もし、そのような手続きをする時間的な余裕がなくて、緊急に手術をしなければならない場合はどうでしょうか？　その場合であっても、親の意思に反して（児童相談所が介入して）、輸血をともなう手術ができる道が確保されています。親の考え方に反してでも、子どもの命を優先しようというルールになっています。

延命治療をする？　しない？

医療と患者の「意思」にかかわることについて、もうひとつお話ししましょう。「延命治療」についてです。みなさんも、聞いたことがありますか？　延命治療とは、快復の見込みがなくて、もう死期も近いという状態になったときに、人工呼吸器などの「生命維持装置」をつけたり、点滴などで栄養を取り入れて、生命を維持する治療のことです。

いまのところ、人間にはだれでもいつか、死期が訪れますね。みんないつまでも元気に過ごせたらいいのですが、残念ながら、そうではありません。

では、みなさん自身や家族が病気になってしまい、もし「延命治療をするかどうか」決断を迫られる状態になったら、みなさんは、どうしますか？

ある人は、可能な限り生きていたいなと思うかもしれません。ある人は、そうなってしまったら、早くラクになりたいなとか、まわりに迷惑をかけたくないなとか思うかもしれません。どれが正解ということはありません。これも、自分の人生をどのようにするかという考え方次第（生き方についての自己決定）です。

現在、患者本人が延命を希望していなかった場合、それを文書として示すことで、医療機関に対して、「延命治療の中止」を要求することができるようになっています。

少しむずかしいのは、本人がハッキリと意思を示していなかった場合です。いざ、そのような状態になったときには、すでに、延命治療をしたいのかどうか、本人の意思を確認することができません。そういうときは、延命治療をおこなうか、家族が医師と相談して決めます。しかし、家族は治療を本当にやめていいのか悩むし、そして、治療をやめて死期が訪れた後も、「あの選択は本当に正しかったのか？」と悩むケースが少なくありません。ですから、もしものときに備えて、自分自身の意思をしっかりと文章で示しておくことが大切です（みなさんには、少し早い話かもしれませんが……）。

悪徳商法にあってしまったら

ここまで何度もくり返してきたように、何をどう信じ、考えるのかは、個人の自由です。でも、人の信じる気持ちを利用して、人をだましたりしてお金儲けなどをすることは、許されません。いわゆる、「悪徳商法」といわれるものです。

悪徳商法にはいろんなものがありますが、たとえば、人間関係がうまくいっていなかったり、恋人ができなかったりする人の気持ちにつけ込んで、「これを買えば、全部よくなる！」なんてだまして、高額な水晶や水などを購入させる、なんてことがあります。ワラにもすがる思いで、そのようなものに助けを求める人だっています。

たしかに、占いをしたときの鑑定料や、お祈りなどで発生する祈とう料が、全部それだけで悪徳な商売というわけではありません。たとえば、ラッキーカラーを占ってもらっただけで、鑑定料を5000円払わなければならなかったとしても、それだけで「インチキな商売だ！」とはいい切れません。また、祈とうをしてもらったのに病気がよくならなかったり、いっこうに幸運がめぐってこなかったとしても、それが全部「人をだましている！」となるわけでもありません。

しかし、他方では、相手の弱みにつけこんだり、自分に特別な能力があるかのように相手の人に信じ込ませたりして、だれが考えてもおかしいような多額のお金を支払わせるような場合には、「これは悪徳商法だ！」と裁判所が判断することもあります。

契約の効力を否定したり、または、次の条文を使って相手に損害賠償を求めることもできます。この条文は、本書でもすでに何度も出てきている「損害賠償」の根拠となる、とても大切な条文です。

＼ 条文 ／

民法709条

故意又は過失によって他人の権利又は法律上保護される利益を侵害した者は、これによって生じた損害を賠償する責任を負う。

悪徳商法は、中学生や高校生のまわりにだってひそんでいます。悪い人が、みなさんに巧みに近づいてきて、お金を巻き上げようとしたりします。「誘われても簡単についていかない」、「しつこく勧誘されてもキッパリ断る」、「オイシイ話には必ず裏がある」など、注意が必要なんです。そして万が一トラブルに巻き込まれてしまったら、みなさんの場合には、できるだけ早くご両親など信用できる大人に相談をしてください。

SCENE
3-3
学級委員を選ぼう!

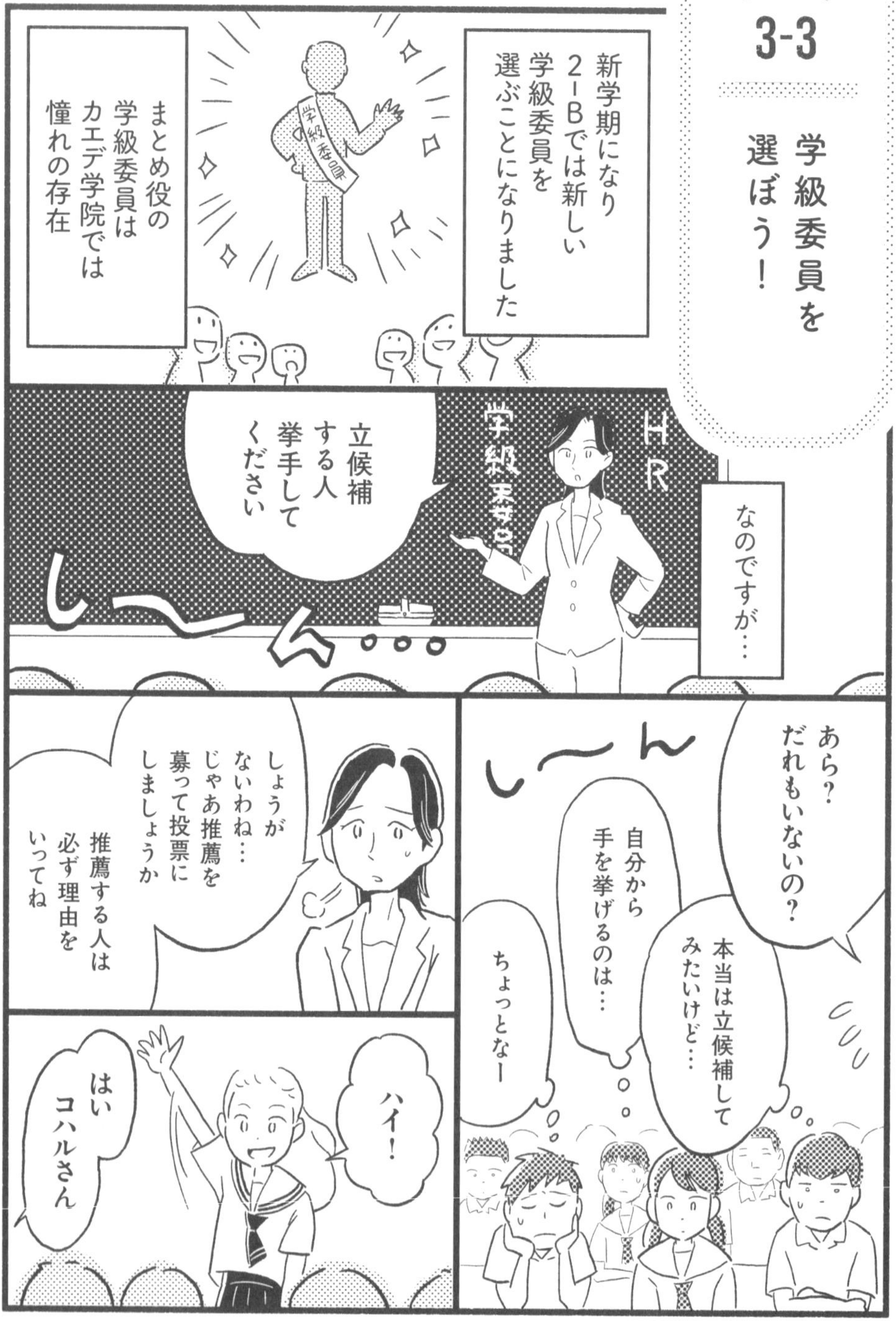
新学期になり2-Bでは新しい学級委員を選ぶことになりました
学級委員
まとめ役の学級委員はカエデ学院では憧れの存在
なのですが…
HR
学級委員
立候補する人挙手してください
し〜ん…
し〜ん
あら?だれもいないの?
本当は立候補してみたいけど…
自分から手を挙げるのは…
ちょっとなー
しょうがないわね…じゃあ推薦を募って投票にしましょうか
推薦する人は必ず理由をいってね
ハイ!
はいコハルさん

メイがいいと思います！

えっ私⁉

だってメイはまじめだし責任感があるし友だち多いしちょっとドジで抜けてるけど愛されキャラだしあとカラオケもうまいし…

というわけでメイを推薦します！

おいコラコハル！

でもたしかにメイいいかも！

ハキハキしてるし
男子からも女子からも人望あるし
その後推薦された5人の投票となったがクラスの半数以上がメイに入れ学級委員はメイに決定した
決まっちゃった…

でもじつはちょっとやってみたかったからいいかな…

SCENE 3-3

代表を「選んで決める」しくみって？

原則的に、自分たちのことは自分たちで決める。学級委員、国会議員……など「代表」を選ぶ場合には、自分たちの代表にふさわしい人を選んで、監視する責任がある。

どうやって学級委員を選ぼう？

まずはメイさん、学級委員への就任、おめでとうございます！

……ところでみなさんの学校では、クラスで学級委員を決めるとき、何を基準に選びますか？

もちろん、立候補で決まることもあるでしょう。でも、1人の立候補で1人の学級委員を選出したとき（つまり、立候補者と選出者がぴったり同じ数であるとき）を除いて、なんらかの形で「選ぶ」という作業がおこなわれますよね。そして、「選ぶ」ということは、「無意識にどれでもいいから拾い上げる」のとはちがいます。どういうことかというと、そこには、主観（人の気持ち）が混じるのです。さて、そこで質問です。

Q 学級委員を選ぶとき、みなさんが重視する点はどこ？

①美人・イケメン、②責任感がある、③料理が上手、④走るのが速い、⑤おしゃべり好き、⑥カラオケがうまい、⑦頭（成績）がいい、⑧まじめ、⑨理屈っぽい、⑩おもしろい、⑪先生に好かれている、⑫異性に人気がある、⑬同性に人気がある、⑭ナルシスト、⑮その他（　　）

たぶん、答えはみんなバラバラでしょう。感性は人それぞれですから、ひとつだけの正解はありません。ただ、選んだ理由は、学級委員の役割と強く関係していることが求められると思います。

たとえば、リレーの選手を選ぶのに「料理のうまさ」はあんまり関係ないでしょうし、クイズ大会の代表を選ぶのに「性格のよさ」もあんまり関係ありません。それと同じように、学級委員を選ぶためには、〔学級委員がどのような役割をする人なのか？〕→その役割を担うために、どのような素質を持っていると適任なのか？→クラスのなかで、だれがふさわしいか？」というふうに考えるべきですよね。

メイさん、学級会を仕切る

さてさて、学級委員の仕事を見てみましょう。メイさんの学校では、秋に合唱コンクールがあります。クラスごとに、「課題曲」と「自由曲」を1曲ずつ歌います（合唱コンクールについては、5－1で！）。本番は秋でも、夏休み前から徐々に準備が始まります。

まずは、学級会の時間を使って、「自由曲」の曲決めをすることになりました。司会は、学級委員になりたてのメイさんです。……さて、もしみなさんが、メイさんのように学級委員として、クラスの意見をまとめあげなければならなくなったら、どんな点に注意をして学級会を進めますか?

よくある方法としては、「みんなに曲の候補を何曲か挙げてもらって、投票で決める」という方法があるでしょう。投票にかかわる「多数決」については、べつの項(5-4)であらためてお話ししますが、気をつけてもらいたいのは、「候補が出たからといって、サッサと多数決で決めてはいけない」ということです。決める前に、しっかりと候補になった曲について話し合うことが大切です。

Q 自由曲について多数決で決める前に、十分な情報と時間を確保したうえでしっかり話し合う必要があるが、それはなぜか?

いろんな答えが考えられますが、話し合うことを通じて、「どのような曲を選ぶと、どのようなメリット・デメリットがあるのかということを、クラスのなかで共有する」という点が重要です。そもそも、とりあえず多数決をしさえすれば、正しい方向に導かれる、というわけではありません。

どういうことかというと、まず、多数派のみんなが気づいていない落とし穴があるかもしれません。過去に歌われた曲なのか、中学生に合った曲なのか、クラスのオリジナリティが出せるものなのか、伴奏者がちゃんと伴奏できる曲なのか……。情報を集めつつ、いろんな意見をみんなで出し合うことで、より間違いない選択ができるようになるんです。

また、しっかりと話し合った結果であるからこそ、クラスのみんなが、選んだ曲に責任をもてる(もたなければならない)んだと思います。その自覚をクラスのみんなに芽生えさせるためにも、「話し合う」ことはとても大切なんです。

だから、メイさんは、クラスをまとめる役割を担っている学級委員として、まずクラスのなかに「しっかりと話し合う場」をつくるのが仕事です。

メイさん、生徒会役員会に出席する

学級委員としてのメイさんの仕事は、クラスをまとめるだけではありません。クラスを代表して、「月に1度の生徒会役員会に出席する」という仕事もあります。そこでは、生徒会長を中心に、生徒会役員、そして、各クラスの学級委員が集まって、学校全体のことについて議論します。この生徒会役員会は、下のような感じの組織です。

では、メイさんは、クラスの学級委員として

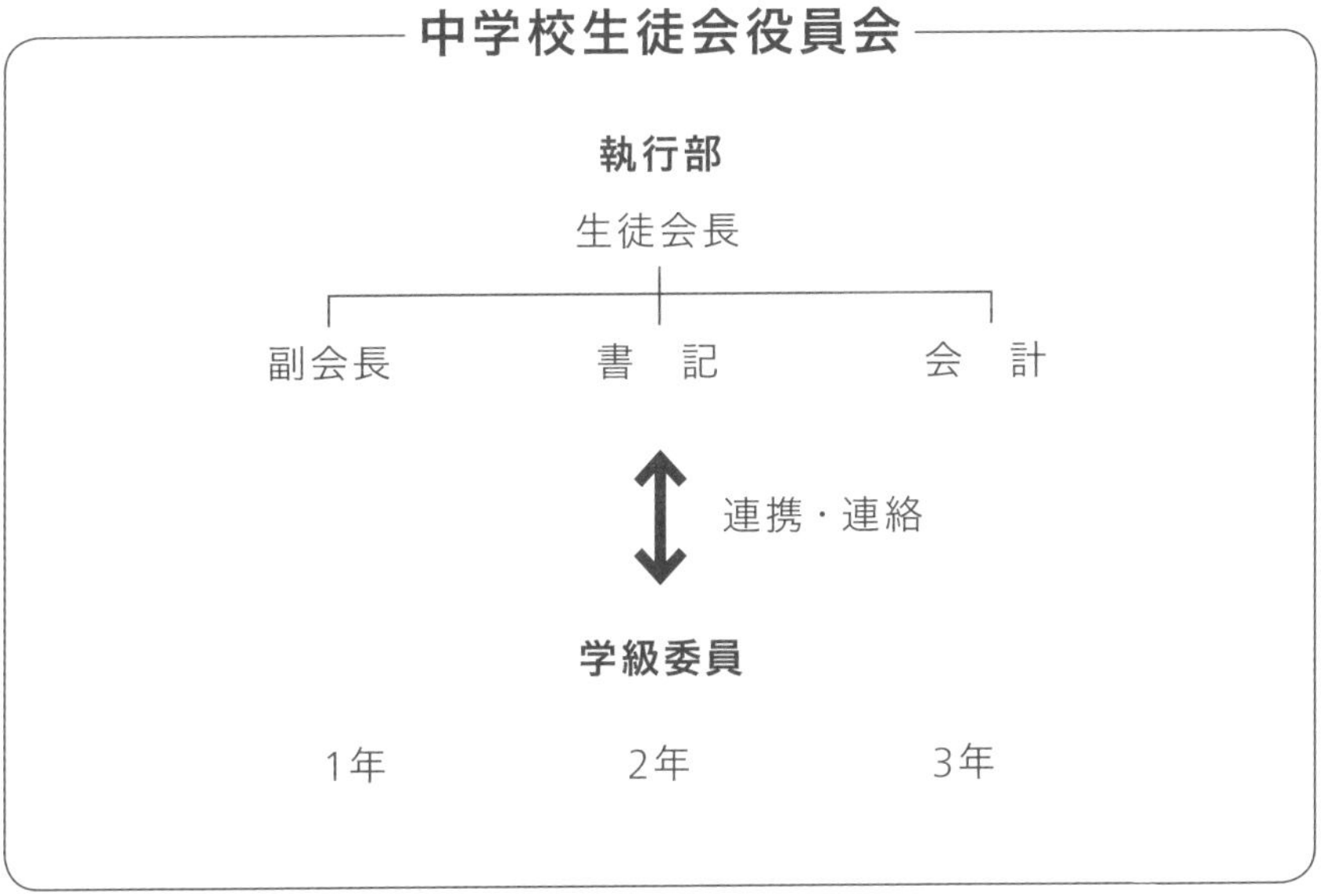

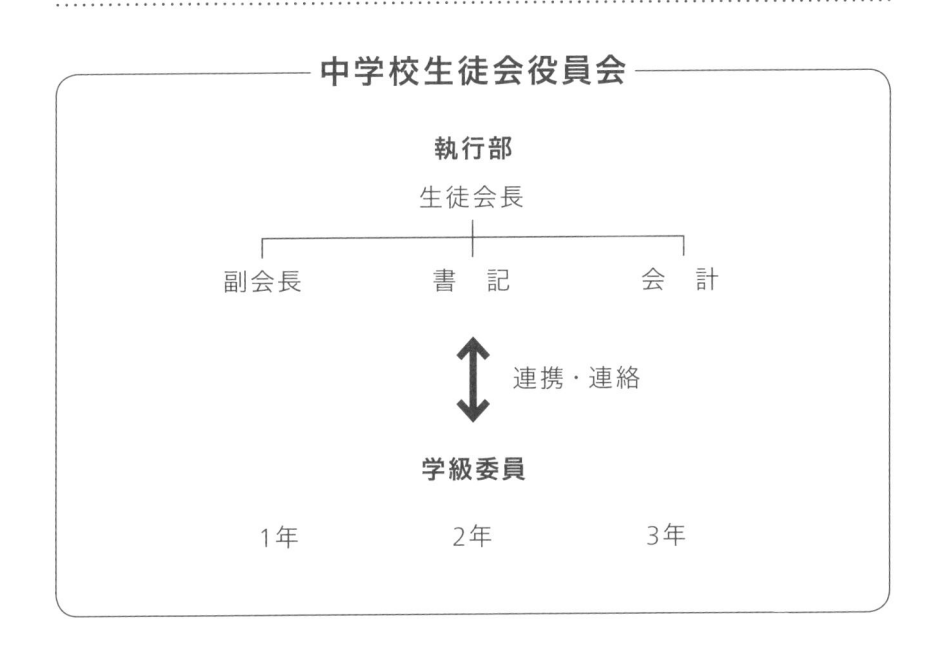

その生徒会役員会に出席するとき、どのような立場で出席するといいでしょうか。たしかに、自分のクラスの代表なんですが、でも、それだけでしょうか？

たとえば、生徒会役員会の議題で、「全生徒の休み時間のグラウンドの使い方を決める」というものがあったとしましょう。その場合、「メイさんは、ひたすら自分のクラスの生徒の利益になるように意見をいいまくって、少しでもたくさん、自分のクラスのみんながグラウンドを使えるようにすべき」なのでしょうか？

おそらく、そうではないですよね。それよりも、どのようにグラウンドを分配したら、全生徒が楽しい学校生活を送れるようになるのかを考えるべき立場です。

代表とはどのような存在か？

どういうことかというと、本当は、学校全体のことは「生徒全員が集まって話し合ったほうがいい」かもしれません。でも、あまりにも生徒数が多すぎると、話し合う場をつくっても、いろんな意見が出すぎて、全然まとまらないかもしれません。それ以前に、そのような場を設けることが、時間的にも、場所的にもむずかしいかもしれません。そこで、代表者に出席してもらって、間接的に、生徒みんなの意見を反映させるようなしくみが必要ですね。それが、生徒会役員会だと考えることもできます。

だとすれば、メイさんは、自分のクラスの代表であるという立場を兼ねつつ、**生徒全体の代表の1人**として、生徒会役員会に出席していることになりそうです。

国政選挙でだれを選ぶ？

このような代表のしくみは、政治の世界の「国会議員」も同じです。憲法によれば、国会議員は、「全国民を代表する」とされています。自分を選出した選挙区（地域）だけの代表ではなく、全国民の代表です。

＼ 条文 ／

憲法43条1項

両議院は、全国民を代表する選挙された議員でこれを組織する。

（この条文の「両議院」とは、衆議院及び参議院のことです）

さて、みなさんにも、近い将来、選挙権が与えられます（18歳以上であれば、すでに与えられていますね）。

さあ、だれに投票しましょうか？　お父さんやお母さんと同じ人に投票する？　たしかに、ご両親の意見は参考にしてもいいかもしれません。

でも、やっぱり1票を投票できるようになった人として、プライドを持って選挙に臨んでもらいたいなぁと思います。自分でよく考えて、ご両親とはちがう人に投票してもいいんですよ。

ただ、実際のところ、いまみんなが一生懸命勉強して、世の中のしくみを理解したとしても、「だれに投票すればいいか」ということは、すぐにわかりません。

だって、立候補している人の多くは、たぶん、みなさんの知らないおじさん・おばさんですから。みなさんが、同じクラスの仲間のなかから学級委員を選ぶのとは、そこがちがいますね。

では、みなさんは、候補者のことを、どうやって知ればいいと思いますか？

選挙の前になると、各候補者のいろんな情報が公開されています。自分なりのホームページなどをつくって、国民に自分の政策をアピールする人もいます。候補者が、どこか特定の政党とつながりがあれば、その政党のマニフェスト

（選挙公約）も、大きな意味を持つかもしれません。そのような情報を見たうえで、「この人なら、私たちの代表にふさわしいな」と思える人に、みなさんは1票を投じることになるんです。

選んで決めた、そのあとは？

さて、代表者としての議員を選挙で選んだら、私たちの役目はそれで終わりでしょうか？　答えは、NO！　です。

なぜかというと、「権力は、常に腐敗する可能性がある」からです。つまり、選ばれたことをいいことに、権力をふりかざして、好き勝手をやりだす人が出てくる可能性があるということです。私たちの税金を、自分が遊ぶために隠れて使い込んでしまう議員がいるかもしれません。特定の会社とつるんで、悪だくみをする議員がいるかもしれません。……というより、残念ながら、その手のニュースが日頃から絶えませんよね。

一度、選挙で選んだ人でも、その人が議員としてふさわしくないのであれば、責任をとって辞めてもらうのは、あたりまえですよね。そのためにも、みなさんは常に監視の目をなくしてはいけません。

マスメディアの大事な役割

でも、個々人の力だけでは、十分な情報を手に入れることが困難です。そこで、マスメディア（テレビや新聞など）の存在が重要になるのです。政治家のスキャンダルに対する報道について、すでにお話ししましたが（95ページ）、それも含めて、マスメディアを通じてさまざまな最新のニュースを発信するマスコミは、いつも「国民に代わって権力を監視する存在」でなければならないのです。マスコミを通じて、みなさんに「知る権利」が確保されているのです。

そして、みなさんも、選挙にちゃんと参加して、自分たちの意志を投票という形で表すことによって、責任を果たすのです。自分たちのこ

……………

とは、自分たちで決める。それが、「民主主義」です。

SCENE

3-4

だれかを好きになる自由

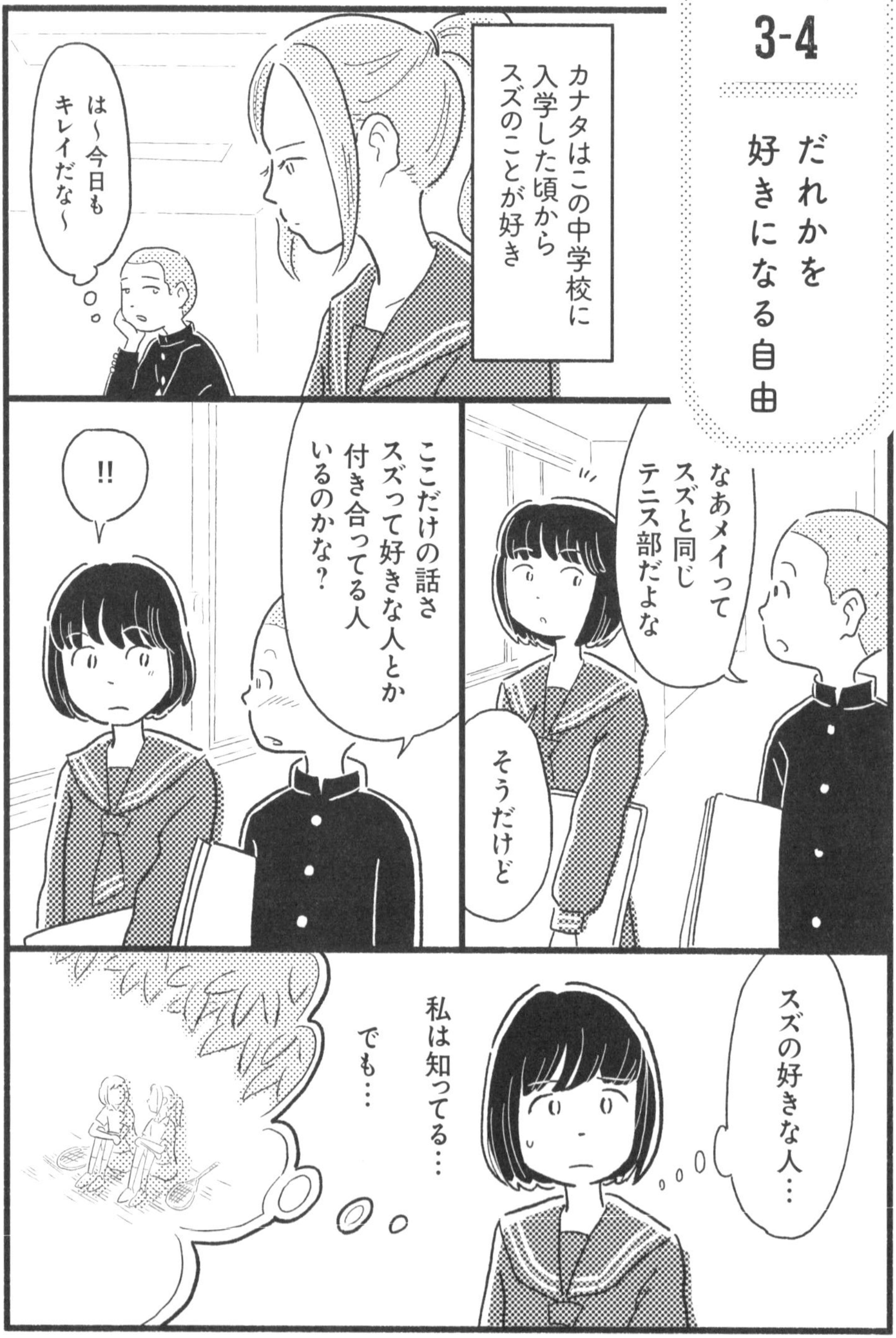

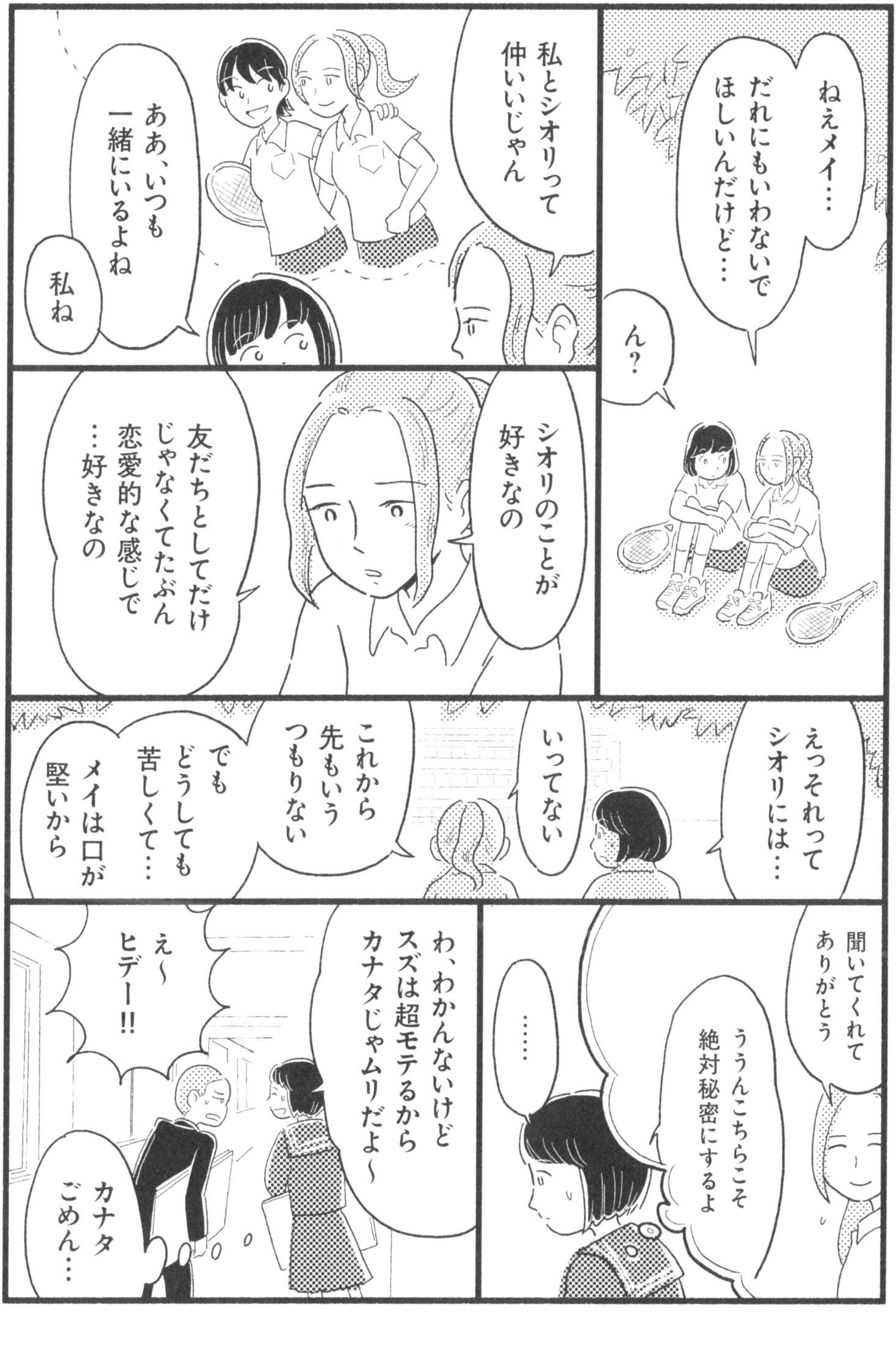
ねえメイ……
だれにもいわないでほしいんだけど……
ん？
私とシオリって仲いいじゃん
ああ、いつも一緒にいるよね
私ね
シオリのことが好きなの
友だちとしてだけじゃなくてたぶん恋愛的な感じで…好きなの
えっそれってシオリには……
いってない
これから先もいうつもりない
でもどうしても苦しくて…メイは口が堅いから
聞いてくれてありがとう
……
ううんこちらこそ絶対秘密にするよ
わ、わかんないけどスズは超モテるからカナタじゃムリだよ～
え～ヒデー!!
カナタごめん……

SCENE

3-4

LGBTの人たちの権利も、法律で守られてる？

日本では、まだ自然に受け入れる制度が不十分。でも、法律の整備や条例の取り組みなど、徐々に雰囲気ができあがりつつある。

あたりまえって、なんだろう？

さて、左ページの絵を見てください。

みなさんは、この絵を見てどう思いますか？

たぶん、「右の絵は男の子で、左の絵は女の子」と答える人が多いんじゃないかと思います。

そして、「じつは右は女の子です」とか「じつは左は男の子です」といわれたら、みなさんのうちの多くが、意外に思うのではないでしょうか。

でも、なぜ？

それは、ふだんから無意識のうちに、「○○は、男の子っぽい」「○○は、女の子っぽい」と区別しているからです。たとえば、男の子っぽいと

思われるものとして、野球をしているとか、スポーツ刈りにしているとか、ズボンをはいているとか、足を開いて座るとかが挙げられるかもしれません。他方、女の子っぽいものとして、バレエを習っているとか、髪が長いとか、スカートをはいているとか、リボンをしているとかが挙げられるかもしれません。

でもね、それは私たちが勝手に、「典型的な男の子」、「典型的な女の子」をイメージとしてつくり出しているにすぎません。そもそも、「性別」って、男の子と女の子しかないのでしょうか？　もちろん、典型的なもの（＝多くの人が認めているもの）をあえて否定する必要はありません。でも、同時に、「そんなのあたりまえ！」という感覚や、「私のなかの常識以外は非常識」という感覚にとらわれすぎてもいけない気がします。そこから、差別が生まれる可能性があるんです。

本当にマイノリティ？

みなさんは、いま、だれか恋愛対象として好きな人がいますか？　その人のどんなところが好きですか？　スポーツができるところ？　頭がいいところ？　やさしいところ？　髪がキレイなところ？　おもしろいところ？　かっこいいところ？　かわいいところ？　たぶん、いろいろありますよね。そして、そのような「恋愛対象としての好きな人」を考えたとき、男の子であれば女の子を好きになるのがあたりまえで、女の子であれば男の子を好きになるのがあたりまえだと思いますか？

みなさんは、「性的マイノリティ」という言葉を聞いたことがあるでしょうか。マイノリティとは、少数派のことで、マジョリティ（多数派）の反対の言葉です。性的マイノリティという言葉を、わかりやすく、かつ正確に説明することはむずかしいです。ただ、マンガのスズさんのように、女の子として女の子を恋愛の対象として好きという場合、それは、性的マイノリティのなかに位置づけられます。

では、いま、日本にどれくらいの性的マイノリティの方がいると思いますか？　レズビアン（女の子として女の子を好きという場合）、ゲイ（男の子として男の子を好きという場合）、バイセクシャル（男の子も女の子も両方恋愛の対象になるという場合）、トランスジェンダー（体の性と心の性が一致しない場合）の頭文字をとって、「ＬＧＢＴ」という言葉が使われることがありますね。

ある調査によれば、日本人のおよそ5～8％がＬＧＢＴであるという結果もあります。１クラス40人であれば、2～3人がＬＧＢＴということになります。もしかしたら、みなさんが予想していたよりも多いかもしれません。なかなか気づかない場合も多いかもしれませんが、みなさんの身近にもいますし、この本を読んでいるみなさん自身がそうかもしれません。

性的マイノリティは、不自然なことでもなければ、病気でもありません。そもそも、だれだって、「私はほかの人と少しちがうのではないか？」って思うところとか、ありませんか？なんだってかまいません。性格でも、血液型でも、身長でも、足の大きさでも……。でも、それはみなさんの「個性」です。性的マイノリティであることも同じはずです。

関係ないからと決めつけない

マンガのスズさんは、シオリさんが好きなことを、なかなか打ち明けられずにいます。友だちとの会話で、「スズ、好きな男子のタイプは？」と聞かれるたびに、ひそかに複雑な気持ちになります。それだけではなく、まわりの人にも打ち明けられません。親にも、友だちにも。

それはなぜでしょうか？

おそらくそこには、まわりの反応が怖い、という気持ちが含まれている場合が多いのかなと思います。友だちに話したら、どんな反応をするだろうかと不安に思って、自分の心の奥底に、そっとしまいこんでいる人もたくさんいます。

だから、みなさんも、「私のまわりにはいないはずだから、関係ない」と決めつけないでほしいんです。

法律はどうなっている？

では、性的マイノリティについて、日本の法律はどのようになっているのでしょうか？

正直にいって、日本では全体的に、性的マイノリティを自然に受け入れる雰囲気がまだできあがっていないのかもしれません。さまざまな場面で不当な扱いを受けてしまったりすることもあるようです。

そのようななかで、最近、性的マイノリティに配慮した法律もつくられ始めています。たとえば、「性同一性障害者の性別の取扱いの特例に関する法律」という法律があります。これは、「体の性」と「気持ちの性」が異なるときに、裁判所の判断を通じて、法的に、「気持ち」のほうの性に変更することを認めるものです。たとえば、体は男性だけど、気持ちは女性であるなら、法律上で、その人の性を男性から女性に変更できるのです。

また、地方自治体ごとに、条例がつくられたりもしています。たとえば、同性カップルでも、パートナーであることを認める「パートナーシップ制度」を条例でつくっている自治体もあります。

でも現時点では、法整備は十分とはいえず、ほかの国と比べても遅れています。日本全体での理解の広がりや定着が、今後の課題です。

その人の気持ちになってみる

もう少しだけ、考えてみましょうか。性的マイノリティの人が「つらいな」と感じるのは、他人に打ち明けられないことだけではありません。

Q 体は女の子だけど、心は男の子という場合がある。反対に、体は男の子だけど、心は女の子という場合もある。その人の立場に立ってみると、身のまわりで、困ってしまうのはどんなこと?

さて、みなさんは、どのようなものを考えますか? 学校生活を送るうえでも、けっこうたくさんのものが考えられるんです。

たとえば、トイレ。学校のなかでも、一般的にトイレは、「男性用」と「女性用」に分けられていますね。でも、体は女の子ですが心は男の子という場合、その子は、どちらのトイレに入るのがふさわしいと思いますか？ トイレに入るときのその子の気持ちは、どうでしょうか。トイレは、男性用か女性用というように、2つに分けること（だけ）が、はたしてよいのでしょうか？

同じようなことは、制服、健康診断、修学旅行の部屋割りなど、いろんなところで出てきます。私たちのまわりは、「男の子か女の子」ということを当然の前提としてできあがっている場面が少なくありません。

もちろん、このような分け方が全部ダメ！とかいっているわけではありません。「トイレは、全部、男性用・女性用という区別をなくそう」とか、「制服は、男性・女性で分けないで統一しなければ、おかしい」とか、「健康診断は、みんな一緒にやらなければ変だ」とかいっているわけでもありません。むずかしい問題ですので、慎重に考える必要があります。でも、「男性」と「女性」をキッチリ分けることで、その狭間で苦しんだり、不便を感じたりしている人がいるということは確かなんです。

打ち明けるということ

もしみなさんが、友だちから、性的マイノリティであることを打ち明けられたら、どのように言葉をかけますか？

メイさんはスズさんから、スズさんがシオリさんのことを好きだということを打ち明けられています。スズさんは、どうしても苦しくて、信頼できるメイさんにそれを打ち明けたんですね。このようなことを「カミングアウト」といったりもします。

メイさんがスズさんからカミングアウトをされるのは、メイさんが信頼されている証拠です。また、カミングアウトには、勇気が必要です。だから、できることなら、カミングアウトしてくれた相手に、「話してくれて、ありがとう」というひと言がいえるといいですね。

そしてメイさん、ちゃんと秘密を守っていますね。これはとても大切なことです。少なくともスズさんは、「みんなに知られたくない」と

思っているのですから、メイさんは、そのプライバシー（3－1で出てきましたね）をちゃんと守ってあげないと、スズさんがとても傷つくことになってしまいます。

SCENE

4

青春の陰にも法がある

100%の青春に20%のルール

SCENE 4-1

校則よりキビしいテニス部の伝統

もうあたりまえに
なっちゃったからな〜
むしろ
あのピリッとした空気が
わりと好きだったり…
あ
ひとつだけ
思い出した…
理解できない
ルール
『1年生は練習でも
公式戦でも
上のテニスウェアを
ズボンやスコートに
インすること』!
2・3年
1年
ていう謎の
暗黙ルール!
これ嫌だった〜
あったね〜
謎ルール!!
ププーッ
メイ、
ださっ!!
ああもう!
思い出さ
ないでよ
今度入ってくる
1年も
あの格好
させられる
のか…
かわいそう
でも〝暗黙〟のルールなら
メイたちの代から
変えられるんじゃない?

SCENE

4-1

異なる2つのルールがあるとき、どっちを守ればいい？

ルールにも「上下関係」がある。
下位のルールは、上位のルールに反してはダメ。

学校の校則とテニス部のルール

メイさんの所属する女子テニス部、規則がすごくキビしそうですね！　たしかに、テニス部でない生徒から見たら「まじコワいわ〜」ってなるかもしれません。でも、そんなピリッとした空気も、青春の1コマかもしれませんね。

ところで、ここまでいろいろな「ルール」についてお話ししてきましたが、このルールにも、ときとして「優先関係」があるのを知っていますか？

まず、メイさんは、「カエデ学院中学校の生徒」です。そして「その中学校の女子テニス部に所属」しています。簡単な図に表すと、次のとおりです。

カエデ学院中学校の生徒

女子テニス部員

メイさん

ということは、メイさんは、まずカエデ学院中学校の「校則」に従う必要がありますね。そして同時にテニス部に所属しますから、「テニス部規則」にも従わなければいけません。それはちょうど、みなさんが、日本人であるので日本の「法律（国全体のルール）」に従わなければならないのと同時に、埼玉県に住んでいれば埼玉県の「条例（埼玉県のルール）」にも従わなければならないのと似ています。じゃあ、もし、カエデ学院中学校の校則と女子テニス部規則の内容が異なる場合は、どうすればいいのでしょうか？

これを考えるために大切なのは、ルール間の上下関係（優先関係）です。メイさんの女子テニス部は、カエデ学院中学校の女子テニス部です。つまり、テニス部規則は、あくまで「校則の範囲内で」定められます。校則に反するようなテニス部規則は、ダメだということです。たとえば、校則で「最終下校時刻は18時とする」となっているのに、テニス部で「テニス部の最終下校時刻は19時とする」とかいうことはできません。

このような上下関係は、法の世界にもあります。たとえば、憲法に反する法律は認められないし、また、条例は「法律の範囲内で」のみ制定することができます（憲法94条）。

校則より厳しい部内ルールはアリ？

それなら、次のようなテニス部規則は、どうでしょうか？

女子テニス部規則7条：部員としての品位をたもった服装を徹底するため、校則による規制に加え、①スカートの丈は膝下5cmでなければならない（短くても長くてもいけない）、②スカートの下にジャージを履いたまま登校してはいけない、③靴下は、くるぶしが隠れる短い白でなければならないという規制を追加する。

まず、2－1に出てきたメイさんの中学校の校則を思い出してください。スカートの丈は、膝が隠れる長さでなくてはならなかったんでしたね。では、この校則と女子テニス部規則の関係はどうなりますか？　部内規則では、校則で禁止していないことまで禁止しています。テニス部員は、校則で禁止されていないはずの内容に従わなければならないのでしょうか？　そもそも、このような規則をテニス部でつくることは、OKなのでしょうか？

これを考えるために、「校則」と「テニス部規則」の関係を、もうちょっと詳しく見てみます。

まずは、なぜ、校則でスカート丈について制限があるのかを確認します。そのうえで、〝校則が目指しているものを、部内規則がジャマしないかどうか〟（裁判所が使うむずかしい言葉をあえて使うのならば、「それぞれの趣旨、目的、内容及び効果を比較し、両者の間に矛盾抵触があるかどうか」）を考えます。そして、〝部内規則は校則が目指しているものをジャマしない〟というのであれば、その部内規則も認められることになります。

すごく簡単にいうと、「しっかりした身だしなみ」のために校則があって、そしてその下に、「もっとしっかりした身だしなみ」を目指す部内規則があるのだとすれば、部内規則が校則の目的や内容をジャマしていません。だから、校則よりキビしい部内規則も（それが「そりゃ、まずいでしょ」と思われるくらい極端なものでなければ）許されることになります。

同じような例は、実際の法の世界にもあります。たとえば、環境を破壊するような有害物質の排出基準や、有害物質とされる種類が法律で定められています。でも、「その数値や種類では十分に環境が保護されない」と考えた地方自治体が、独自の「条例」によって、より厳しい規制を定めている（排出基準をもっと高くしたり、有害物質の種類を追加したりなど）こともあります。これを「上乗せ条例」とか「横出し条例」などといいます。

暗黙のルールも守るべき？

さて今回、「女子テニス部規則」なるものが登場しましたが、これは、テニス部員であればみんな知っている明確なルールです。でも、もしかすると部内のルールは、規則として書かれているものだけではないかもしれません。いわゆる、「暗黙のルール」の存在です。では、この暗黙のルールも、メイさんたちは守らなければならないんでしょうか？

突然ですが、こんな質問に、みなさんならどう答えますか？

Q 次の選択肢のなかで、みなさんが、「えっ？ そんな人がいたら珍しすぎてビックリする！」と感じるのはどれ？（複数回答可）

□ 4月にお花見をする人

□クリスマスイブを恋人と過ごし、そのわずか1週間後には初詣に行く人
□カメラを向けるとピースサインをする人
□和食を食べるとき、箸を使い、茶碗を持つ人
□ズルズルと音をたててラーメンを食べる人
□体調が悪くても働く人
□お店の前に傘立てがあって、そこに傘を置いてお店に入る人
□電車やバスで居眠りをする人
□笑うときに口を隠す人
□畳で礼儀正しく挨拶するとき、正座をする人

さてみなさん、いくつチェックを入れましたか？　私の予想では、ほとんどチェックする内容はなかったんじゃないでしょうか。でも、外国の方が同じ質問に答えたら、きっとみなさんの回答より、チェックがつく項目が多いはずです。なぜでしょうか？　それは、右の項目が、日本における日本人の「慣習（またはそれに近いもの）」として、社会のなかで定着しているからです。だから、日本人には違和感がないんです。

何がいいたいのかというと、このような〝暗黙のルール〟もある、ということです。文章になっていなくても、「女子テニス部員であれば○○しなければならない伝統になっている」、「日本人であれば○○するのがあたりまえ」という空気ができあがっている場合、それはメイさんや私たちの行動をいつの間にか拘束するんです。

法の話をしてみると、そもそも日本には、ルールは文章で明記しようという法文化があります。これを「成文法主義」といい、立法機関（法律であれば「国会」）が議会で話し合って、立法します。小学校の社会科で習ったのを、おぼえていますか？

でも、実際は、文章化されたものだけが法で

はありません。社会のなかで慣習として定着していて、だれもが法的拘束力があると違和感がなく感じる状態になったときは、それを法として認めるものとされています。

なんかややこしいようですが、簡単にいえば、**慣習でも法律と同じ効力をもつ場合もあるよ、**ということです。

＼ 条文 ／

法の適用に関する通則法3条

公の秩序又は善良の風俗に反しない慣習は、法令の規定により認められたもの又は法令に規定されていない事項に関するものに限り、法律と同一の効力を有する。

変なルールでも守らなければいけない？

なるほど、それならば、メイさんが嫌がっていた「テニスウェアをインする」というやつも、「テニス部規則」に書いていなくたって、守らなければならない可能性があります。部内規則に明記されていなくても、「これは、女子テニス部の伝統よ！」と部員のだれもが認めているなら、それは「慣習上のルール」として、部員たちはそれを尊重しなければならない、ということになるかもしれませんね。

……でも、さらに考えてもらいたいのですが、この伝統、内容がちょっと変だと思いませんか？素朴な疑問ですが、**なんのためにあるのでしょうか？**　全員がインするのであれば、まだわかります（ビジュアル的にどうかは置いておいて、平等です）が、1年生だけというのは、どうしてなのでしょうか？　もしかしたら、上級生の「1年生が私たちよりカワイく目立つなんて許せない！　1年生はダサくていいのよ！」なんていうひがみから、いつの間にかできあがった「悪しきルール」かもしれません（コワい……汗）。だとすれば、そもそもそんなルールに部員（特に1年生）は従う必要があるのでしょうか？

悪法を変えたいときには

こういう「悪法」をどう見るか、ということについては、法思想の世界で、意見の対立があります。ある人は、「悪法には従う必要はない」といいます。形式的には法としての体裁を整えていても、法が法として人を拘束するのは、内容が正しく、そして道徳に適っているときだけだ、という考えです。そして、悪法は、このような正しさや道徳性を備えていないのだから、私たちは、それを守る必要はないのだというのです。

なるほど、そのとおりである気もします。でも、問題なのは、その法が「悪法」なのかどうかって、だれがどのように判断するのでしょうか？「正しい」とか「道徳に適っている」とか、だれが見ても明らかといえるものってどれくらいあるのでしょうか？　そもそも、だれにとっても共通する善悪って、本当にあるのでしょうか。

「悪法も法なり」という法のことわざも昔からあります。その法がおかしな法であれば、それを改正する手続きをとらなければならず、それがなされるまでは守られなければならないと考える人もいます。「法によって治められている国（法治国家）である以上、法の内容が変であったとしても、いますぐ守らなくていいとはならない」というものです。

なるほど。暗黙のルールもルールのひとつ。変なルールでも、ルールはルール。……では、もしメイさんが、この悪しき（とメイさんは考えている）テニスウェア・インの伝統を、メイさんの代でなくしてしまいたい場合、どうすればよいでしょうか？　そのときは、曖昧なままにしないで、部員みんな（または代表者）でちゃんと話し

合って、「この伝統は、この代からやめることにしよう」ということを、ハッキリ合意するのがいいかもしれませんね。

SCENE

4-2

今度の舞台、主役はどっち？

ユウトの所属する演劇部は舞台公演に向け大忙し
公演まであと14日
演目は「ロミオとジュリエット」ロミオ役は投票でショウタに決定
イエーイ
次点は副部長のユウト
準備は着々と進んでいるように思えたのですが…
えっショウタまた休みなの!?
公演まであと少しなのに全然練習進まないじゃん!!
先週も週4の練習2回休んだんだぜあいつ!
そうなんですよ…
とりあえず今日もロミオ役は代役で練習を…

ユウトの言い分①
出演を希望するときは「原則的に毎回部活動に参加すること」が条件になってたよな
なのにあいつサボってばっかりで！ほかの部員もあきれてるよ あいつには期待してたのに
ロミオ用
ショウタの言い分①
は？ ユウトそんなこといってんの？ たしかに何回か休みはしたけど条件は「原則的に」でしょ 絶対じゃないし
それに先週は塾の補習で2回休んだけど その前の週は4回出たし、トータルでも3分の2は出てるよ
ユウトの言い分②
メインキャストなのに練習に出ないとか、部員の信頼を裏切る行為だよ セリフの暗記も中途半端だし 主役の自覚ないだろ こんなことなら ロミオ役は僕がやるよ 副部長として成功させる責任があるし
ショウタの言い分②
セリフは本番までにバッチリ仕上げられるよ オレ追い込み強いし
てかオレのこと降板させるとかいって、ユウトがロミオ役やりたいだけだろ？
投票で負けたの妬みやがって かっこつけたいならほかでやれよ
う〜ん…
これ、公演無事に終わるかな…
ロミオとジュリエット

SCENE

4-2

こじれたもめごと、どう解決する？

本人たちで収拾がつかなくなったもめごとは、第三者が間に入って解決する。法律の世界では、この役割をはたすのが「裁判所」。

どっちの言い分が正しいの？

おやおや。演劇部でもめているみたいですね。かなり感情的になっています。日常のなかで、このように「もめごと」が起こった場合、どのように解決していくかって、とても重要です。2人の言い分をまとめると、どうなりますか？

ユウトの主張

① 出演希望は、原則的に毎回部活参加が条件
② 無断欠席を何度も繰り返している
③ セリフの暗記が不十分で、自覚に欠ける
④ ほかの部員からの信頼を失っている

ショウタの主張

①1回も休んではいけないとはなっていない
②欠席には正当な理由があり、回数も多くない
③セリフは本番までに十分おぼえられる
④ほかの部員からの信頼を失っていない

こんな感じでしょうか。これらをふまえて、ユウトくんが「部全体の迷惑だから、ショウタは主役の出演をやめるべきだ！」と主張しているのに対し、ショウタくんは、「出演をやめなければならない理由がないし、やめるつもりもない！」と主張していますね。

このようなもめごとは、実際の社会のなかでもたくさんあります。従業員が会社から「会社を辞めてくれ」といわれたけれど、辞めたくないとか、アパートの住人が大家さんから「家賃の値上げに応じないのなら、さっさと出てってくれ」といわれたけれど、出ていくつもりはないとか、友人から「貸したお金を早く返してくれ」といわれたけれど、そのお金はもらったものだと思っているから返さなくていいはずだとか……。

まずは当事者による話し合い

さて、もめごとを解決するためのスタート地点は、なんといってもシンプルに「**もめごとの当事者で話し合う**」ということです。時間をかけて話し合って、お互いが納得し合えるのであれば、それがいちばんよい解決方法です。「オレは自分なりにちゃんとやってたつもりだったけれど、お前の話を聞いて、考えが甘かったことがわかった」（byショウタ）とか、反対に、「オレが焦りすぎてただけかもしれない。お前の話を聞いて、陰で努力をしていたこともわかったから、これから一緒にがんばっていこう」（byユウト）なんてことになれば、円満な解決が導かれることになります。雨降って地固まる。

でも、ユウトくんとショウタくんの現状は、どうですか？　もはや当事者だけでは収拾がつかないレベルになっているみたいです。そうすると、やはり「第三者」に間に入ってもらって、争いを解決するほうがよいかもしれません。

第三者による「紛争解決」

では、第三者が間に入るときの注意点って、あるのでしょうか？　そもそも第三者って、だれに間に入ってもらうのがよいのでしょうか？

Q　今回のもめごとの仲介に入る人として、次のうちどの人がいちばんふさわしい？　また、その理由は？

①ユウトとショウタの両親
②演劇部のほかの部員
③演劇部にまったく無関係なほかの生徒
④演劇部の顧問の先生
⑤その他（具体的に：　　　　　　）

まず、①は論外です。子ども同士のもめごとに親が介入するのは、余計、話がこじれるだけの場合が多いですよね。というか、ユウトくんとショウタくんの両親は、第三者ではありません。「当事者の親」として、当事者に近い立場（場合によっては、当事者以上の思い入れ？）です。自分の子どもに有利な主張ばかりして、もはや代理戦争のような形になってしまったら最悪。

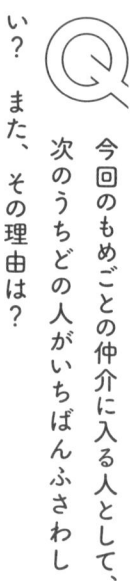

では、②はどうでしょうか？　部内の事情もわかっているので、いい面もありますね。部内の話し合いで解決できれば、演劇部自体がいい方向へ向かうかもしれません。でも、リスクもあります。もし間に入る部員が、ユウトくんまたはショウタくんと仲がいい部員だとすると、一方にえこひいきをして、適切な判断ができないかもしれません。

その点、③はいいかもしれませんね。でも、演劇部になんの愛着もないのに、もめごとの解決に乗り出してくれるような人を探せるかという問題があります。また、演劇部の活動をまったく知らない人に、争いを解決してくれるだけの力量があるかどうかはわかりません。

第三者に間に入ってもらうことのメリットは、「公平・中立な判断をしてもらえる」ということです。だから、**できるだけ利害関係のない人**のほうが、冷静で客観的な目を持っていて、公平・中立を実現できるという意味で、ふさわしいのです。するとこの場合は、④あたりが無難かもしれません。

この事件、どう処理する？

さて、もしみなさんが、ユウトくんとショウタくんのもめごとを解決するために間に入ってくれるように頼まれたら、どんなふうに判断しますか？

そのときに注意してもらいたいのは、「できるだけ、いろんな面に目を向けてもらいたい」ということです。私ならば、たとえば次の4つの点に注目して、「ショウタくんが降板すべきかどうか」を判断します。

①「練習に毎回参加すること」というルールは、部内（部員の間）でどれくらい合意があるのか

②出演予定者が練習を1回休むということは、どのような重みがあるのか

③ショウタくんの練習態度は、客観的に見て、どれくらい真剣さを感じさせるものなのか（自宅での自主練の有無とか、欠席した分のカバーをしようとしていたかどうかなど）

④演劇部のほかの部員は、ショウタくんのことをどのように感じているか（すでに信頼関係が損なわれているかどうかなど）

このなかでも、特に④は重要な要素になると

思います。舞台は、部員みんなの信頼関係のもとに成り立っていますから、それが崩れてしまったら、いい舞台にはなりませんよね。たとえば、ショウタくんに真剣さが欠けていて、ほかの部員との信頼関係がすでに失われていると考えられる場合には、ショウタくんの降板もやむを得ない……ということになるかなと思います。

日本の「民事裁判」

ところで、今回の学校内のもめごとだけではなく、社会のなかでもたくさんの争いがあることは、先ほど紹介したとおりです。

そして、その争いをそのまま放置しておくと、新たな争いが発生したり、事件が起きてしまったりします。たとえば、AさんとBさんがお金の貸し借りをめぐって争っているときに、Aさんにお金を返せと主張しているBさんが、Aさんの家に勝手に入って、お金になりそうなものを強奪してしまうかもしれません。また、反対に、それに怒ったAさんがBさんを捕まえて殴り倒したりする……なんてことが起きるかもしれません。現実問題として、お互いの話し合いだけに頼ることは、なかなかできません。

そこで、争いを解決するための手段として、日本では、「裁判所」という機関が設けられています。そしてそこで、「民事裁判」ができるしくみになっています。民事裁判とは、裁判所が第三者として、争い（民事事件）の当事者の間に入って、お互いの言い分を聞いたうえで、法律などにもとづいて解決方法を示すというものです。訴えるほうが「原告」、訴えられるほうが「被告」と呼ばれ、裁判官の前で自分の言い分を主張します。裁判官は、原告・被告から提出された証拠にもとづいて、どちらの言い分に説得性があるか判断することになります。

話し合いと大きくちがうのは、裁判の場合、当事者が納得しようがしまいが、裁判所の出した判断に従わなければならないところです。話し合いの場合は、お互いが納得して争いが収まりますが、裁判の場合には、「判決」という形で裁判所が結論を出して、それに当事者を従わせるしくみです。だから、その結論に、当事者は不満を持つかもしれません。それでも、裁判所の出した結論に文句をいわせず、当事者の争いを終わりにさせる。そんな強い力が裁判にはあります。

なぜ裁判には、そのような強い力が与えられているのでしょう？ それは、先ほど説明したような、「中立・公平」な第三者としての機関である裁判所が、ちゃんと「適切な手続き」にもとづいて裁判をするからです。

それでは、「刑事裁判」とは？

なお、こうした民事事件と比べてもらいたいのが、この本でもちょくちょく例として登場してきた、殺人などの刑事事件。犯罪をしたと疑われる人がかけられるのが、「刑事裁判」です。テレビや映画でよくでてくるシーンは、そのほとんどが刑事裁判です。刑事裁判は、先ほど説明した民事裁判とは、同じ「裁判」であっても、少しちがうんです。

まず、刑事裁判の目的は、個人間のもめごとの解決ではなく、犯罪をした人を処罰するという点にあります。それから刑事裁判は、「被害者VS加害者」という事件の当事者同士の争いではなく、訴える側が国の組織（検察官）、訴えられる側は犯罪をしたと疑われている人（被告人）となります。そして、裁判の内容は、被告人の有罪・無罪を判断して、刑罰を宣告するというものです。たとえば、裁判官が被告人に対し、「被告人を懲役5年に処す」とか「被告人を無罪とする」なんて判決をいい渡すシーン。テレビで見たことがあるかもしれませんね。

SCENE 4-3

料理部でクッキーを売ってみた

う〜んでもつくるのはめんどくさいな〜
型はどうしますっ？
味はチョコと抹茶と〜
担当決めて〜
よーし！
私、企画・販売担当しまーす！みんなまかせて！
スック
わ〜〜 ありがとうございます〜
つくるのがめんどくさいんだな…
というわけで考えたコハルさん
1袋5個の詰め合わせを150円で売れば…
クッキー500袋で150×500=7万5000円…
材料費を引いても6万円の利益…！
よっしゃ〜絶対に全部売ってやるわ〜!!
6万円
取らぬタヌキのなんとやらですよ先輩〜
えっていうか5枚×500って2500枚クッキー焼くの私たち…

SCENE

4-3 商売をするとはどういうこと？

文化祭でクッキーを売るのとお店がクッキーを売るのは、同じようで少しちがう。お店のつくられ方にもいくつかのタイプがある。

お金がない！

さて、料理部（ただし食べる専門）のコハルさん、文化祭でのクッキー販売に向けて計画を練ります。まずは、会計・広報・販売の各部門の責任者を料理部員のなかから割り当てる。ふむふむ。そして残りの8名で、文化祭の前日にがんばってクッキーをつくってもらう、という計画を立てました。なかなかいいですね。

……ですが、ちょっと困ったことがあります。材料費がありません。卵、小麦粉、ココアパウダー、砂糖、イチゴ……。いろいろ含めると1万5000円くらい必要になりそうです。そのお金をどう用意しましょうか。

みなさんなら、どんなふうに考えますか？

いろいろな考え方があると思います。

お金を拾う？——警察に届けましょう！

お金を盗む？——そ、それは犯罪です。

宝くじを当てる？——現実味があんまり……。

そんなのを除くと、だいたい2つの方向になります。

まずひとつは、「部員全員で1000円くらいずつ出し合う」という手があります。これを「出資」といいます。ちなみに、出資する人は、必ず部員でなければならないというわけではなく、友だちとか先輩とかでもかまいません。料理部がクッキーを売る、という目的に向けて、応援してくれる人であればだれでもOKです。ただし重要なのは、出資をしたお金は、返すことが予定されていないという点です。出資を受けるというのは、いわば、「その活動のためにお金をもらう」という感覚に近いんです。

これに対し、もうひとつの選択肢は、「だれかから借りる」という方法です。たとえば、先生や親から、「あとでちゃんと返すから、お金を貸してください」とお願いをして、1万5000円を手に入れるというやり方です。この場合、そのお金はもらったのではなくて、単に借りただけですから、料理部自身の財産とはならず、将来、返さなければいけません。

コハルさんの場合は、料理部のみんなと相談したうえで、自分の親から借りることにしたみたいです。

もしもこの世にお金が存在しなかったら

ところでコハルさんたちは、クッキーを売って、お金を手に入れようとしています。でも、そもそも「お金」って、どんな存在でしょうか？　みなさんはふだん生活するなかで、あたりまえのようにお金を使っていますよね。法的に見れば、お金については、「通貨の単位及び貨幣の発行等に関する法律」という基本的なルールがあります。じゃあ、このお金っていったい、どんな役割を果たしているのでしょうか？

Q みなさんなら、次の【　】に、どのような言葉を入れる？

もしもこの世の中にお金がなかったら、不便だ。たとえば、【　　　　】というようになってしまう。その不便を解消するのがお金の役割だ。

まず、お金には、いろんなものにどのくらいの価値があるかを測る道具としての役割があります。たとえば、Aくんが持っているシャツと、Bくんが持っている時計と、Cくんが持っているカバンを比べたとき、〝いちばん価値がある〟のはどれか、すぐにはわかりません。でも、シャツ＝2500円、時計＝8000円、カバン＝1万5000円というように、お金という共通のモノサシで、もののだいたいの価値を表すことができると、とても便利ですよね。コハルさんも、クッキーを1袋150円としたのは、ほかのものと比べて、だいたいこのくらいだろうなと考えたからです。

また、お金は、自分の持っているものと、他人の持っているものとを交換する道具としての役割があります。もしお金がないとすると、料理部がクッキーを売るときに、「料理部が交換してもいいと思えるようなものを持っている人」としか、交換することができません。

たとえば、「ニンジン5本であれば、クッキー2袋と交換してもいい」と考えた場合、ニンジン5本を持っている人を必死に探さなければならず、しかも、ニンジンを持っている人もクッキーを欲しがっている必要があります。このマッチングは、とても大変です……。でも、お金があれば、そんなことをしなくてもクッキーを売ることが可能です。

そしてさらに、お金は、将来の消費のために財産を保存する道具としての役割もあります。たとえば、クッキーを売る代わりに、相手からサンマをもらったとしたら、どうでしょう。サンマは、冷蔵庫に入れて保管しなきゃいけないし、さらに、早く食べなくちゃいけません。来週の料理部の活動のときまで、もつかすら不安です（しかも、来週は生姜焼きをつくるって決まっているし……）。お金という形であれば、そんなことを考えなくてもよいのです。お金で財産を持っておいて、料理部が好きなタイミングで好きなように使えばいいのです。

文化祭出店と「お店」とのちがい

さて、販売隊長のコハルさん、近くのお店に視察に行ってみます。商品をどうやって売っているのか、参考にしたかったんです。

まず行ったのが、いま大人気のケーキ屋さんです。そこのケーキ屋さん、夫婦2人で個人経営している小さなケーキ屋さんですが、味はピカイチ。そこで、ふと感じます。「あれ？　私たちがクッキーを売るのと、お店がクッキーを売るのと、何がちがうのだろう？　材料を仕入れて、商品をつくって、そして売っている……。同じじゃん！」

そうそう。基本的には同じです。でも、少しだけちがうところがあります。それは、お店では、継続的にクッキーを売り続けているという点です。明日も明後日も、今日と同じように売ります。そしてそこから、自分たちが生活するお金や、お店を維持するためのお金を儲けたりします。

それから、お店を出すときには、ふつう、税務署というところに「開業届」を提出しますし、お店の名前（屋号といいます）もちゃんと決めます。

他方、料理部が、文化祭のときに1日だけ売るのは、継続して経営することを前提としていません。だから、開業届を出すこともありません。ちなみに今回の場合は、売上げも寄付することになっているみたいです。

「個人商店」と「法人」のちがい

続いてコハルさんは、近くのスーパーマーケットに行ってみます。そのスーパーのベーカリーコーナーにも、何種類かクッキーが売っています。「最近はスーパーでも、お菓子屋さん顔負けにおいしいクッキー売ってるんだよね……」。そして、また同じように感じます。「あれ？　さっき行ったケーキ屋さんがクッキーを売るのと、スーパーがクッキーを売るのも、同じことなのかな？」

ええ、これも基本的には同じです。でも、「だれが」材料を調達し、商品をつくり、売るのかがちがいます。つまり、個人で経営しているケーキ屋さんは、その経営している夫婦が個人でそれをしているのですが、スーパーの場合、「スーパー」がしているのです。ん？　どういうことでしょうか。

みなさんの日々の活動は、「個人」単位でおこなわれていますが、ときには、「団体」で活動することもあります。そして、その規模が大きくなったり、取引の回数が増えると、だんだん、構成員みんなの名前で材料を仕入れたり、ものを売ったり、お金を借りたりするのはめんどうになりますよね。それよりは、その団体自体を1人の人として考えて、その団体自体が材料を仕入れたり、物を売ったり、お金を借りたりするしくみがあるほうが便利です。

このように、法律上で、ある団体を1人の人と考えるしくみを、「法人」といいます。つまり、スーパーという1人の人（法人）が、取引の主体になるということです。権利を持つのも、義務を負うのも、法人自身です。

法人とひと言でいってもいろいろ

そしてさらに、「法人」とひと言でいっても、いろんな種類の法人があります。

みなさんのご自宅の近くにも、いくつかスーパーがありますか？　たとえば、私の住んでいる埼玉県を中心に1都6県で店舗展開しているスーパーに「ヤオコー」があります。他方で、競合するスーパーとして、千葉・埼玉・東京を事業エリアとしてもつ「コープみらい」があります。どっちも食品を売っています。肉や野菜、お惣菜やお米など、いろんなものが売られています。お菓子も売っています。お店の外観も、なんとなく似ています。一見すると何もちがわないように感じます。

でも、この2つには大きくちがう点があります。それは、法律上、ヤオコーが「株式会社」であるのに対し、コープみらいは「生活協同組合」という点です。

よく聞く株式会社とは何かというと、「株《かぶ》主《ぬし》」といわれる人たちが、会社の構成員となります。ヤオコーにも、たくさんの株主がいて、株主がヤオコーという会社のために出資をします。そして、ヤオコーは、お客さんに商品を売って儲けたら、株主に対して、「あなたが出資をしてくれたお金を使って、これだけ儲けられました！」と、その利益の一部を「配当金」として渡すことになっています。出資者も、その配当を期待して出資をするんです。このように、儲けたお金の一部を、会社の構成員である株主に分配する、というしくみの法人が、株式会社です。

これに対して、生活協同組合とは、その構成員である組合員同士が、「お互い、助け合いましょう！」ということを目的として集まった法人です。組合員も出資をしますが、株式会社のように、会社ができるだけたくさん儲けて、儲かれば儲かるほど、株主がたくさん配当金をも

同じ「クッキーを売る」のでも……

文化祭で売る　＝継続性がない。儲けることが目的ではない

お店が売る　＝継続性がある。儲けることが目的である

個人商店　＝お店を経営している個人が取引の主体

法　人　＝法人（お店）自身が取引の主体

営利法人　＝構成員（株主）に収益を分配するシステムがある

非営利法人　＝構成員に収益を分配するシステムがない

らえる……というしくみにはなっていません。また、組合員の生活をお互いに助け合って向上させるためのものですから、商品やサービスを利用できるのは組合員であることを前提としています（実際には、組合員ではない人もお客さんとしてお店の商品を購入できるようですが、組合員でないと受けられないサービスもたくさんあります）。

「起業をする」ということ

いつもの部活では、食べる専門のコハルさん。今回は、どのようにしたら売れるのかをかなり真剣に考えました。もちろん、おいしいクッキーをつくるのがいちばんですが、それ以外にも、ラッピングの仕方、宣伝の仕方、売るときの置き方など、いろいろ工夫をこらしました。

その結果、めでたく完売！　親に借りた1万5000円も無事に返せましたし、残りの売上げで無事に寄付もできて、ちょっと心があたた

かくなりました。そして、「ものを売るって、けっこうおもしろい！　これがビジネスって感じ？」と、料理部の活動である料理とはまったく関係ないところに興味がわいたとか……。

みなさんが、もしいま中学生だとすると、自分が会社を経営するなんて、まだ考えられないかもしれませんね。でも、法律上は、15歳くらいになれば、会社を立ち上げようと思えば立ち上げられます。実際に、中学3年生で本当の会社を立ち上げた子もいるんですよ。高校生や大学生のうちから起業をする人も増えているそう。みなさんのアイデアが、きっとこれからの日本の企業を支え、経済に活力を与えていくんです。

SCENE 4-4

バイトテロで大炎上！

んだよ
笑うなよ
ちょっと待て
お前
動画撮るぞ
パシ
おっナイス
キャーッチ
調理前のハンバーグで
キャッチボールしてる
動画を
Twitterに
アップしたのよ
で、それが
拡散しちゃって…
わ、ホントだ…！
すごい
バカ…
マスコミが押しかけてきて
店長は平謝り…
パシャ
パシャ
パシャ
仕事にならないから
今日は臨時休業だって
く〜〜〜
バイト代少なく
なっちゃうじゃん！
てかいつ営業再開できる
かもわかんないし〜!!
お姉ちゃんの
バイト代はおいといて
この動画あげた人たち
大丈夫かな
本名も学校も
バラされてすごい
叩かれてる…
自業自得だよ
そんなの！
アカリ
行儀
悪いぞ…
ボス
ボス

SCENE

4-4

バイト中の悪ふざけをネットにアップしたら、どうなる？

犯罪にあたる可能性がある。お店に損害が生じたなら、賠償責任も。バイトであっても、労働者としての責任と権利を自覚することが大切。

将来どんな仕事をしたい？

わ～。アカリさんのバイト先、大変なことになっていますね。最近、ブラックバイトやバイトテロなど、「アルバイト」に関するニュースをよく耳にしますよね。

もう少しすると、読者のみなさんも〝働く〟ということに接することになるかもしれません。この項では、そんな〝働く〟ということについてちょっと考えてみましょう。

いま、仕事を取り巻く環境が、とても速いスピードで変化しています。日本の人口の減少に伴って、労働する人口も不足していることが社会問題となっていますね。一方、IT技術が発達し、ロボットが仕事をする割合が増えてきました。日本に住む外国人の数も増えて、たくさんの外国人が日本で働いています。20年後の日本の労働環境がどのようになっているか、私には想像がつきません。そのようななかで、みなさんは、将来どんな仕事をしたいですか？

ソニー生命という会社が中高生を対象にして「将来なりたい職業」についてアンケート調査（2017年）をしたら、次のような結果だったそうです（7位以下は省略）。

【中学生男子】
1位：ITエンジニア・プログラマー
2位：ゲームクリエーター
3位：YouTuberなどの動画投稿者
4位：プロスポーツ選手
5位：ものづくりエンジニア
6位：公務員

【中学生女子】
1位：歌手・俳優・声優などの芸能人
2位：絵を描く職業（漫画家・イラストレーターなど）
3位：医師
4位：公務員
5位：文章を書く職業（作家・ライターなど）
6位：保育士・幼稚園教諭

このランキングのなかに、いま、みなさんがなりたい職業はありますか？　男子4位のプロスポーツ選手、女子1位の芸能人は昔からの定番でしょうか。他方で、公務員は男女ともランクイン。日本人の安定志向も健在のようです。……ちなみに、私のような研究者は入っていない（汗）。弁護士などの法律関係の職業も全然入っていない（汗）。

どの職業も、夢があって、とてもいいですね。

ただ、みなさんが将来、実際に選ぶ仕事は、「そこに夢があれば十分だ」とはならないかもしれません。もちろん、自分の好きなことを仕事にできたらいいと思います。でも、仕事をする目的は、夢の実現だけではないんですよね。だいたいの人は、仕事をすることによってお金（給料）をもらい、それで生きていく糧を手に入れているのです。「好きなことをしているけれど、お給料が全然もらえない」というのでは、ちょっと（かなり？）生きにくくなってしまうかもしれません。

求人広告から「労働条件」を見てみる

さて、みなさんは、会社の「求人広告」を見たことがありますか？ そこには、いろんな「労働条件」が書かれています。労働条件とは、労働者がその会社で働くときに前提となる条件のことです。働く場所はどこか、働く時間は1日どれくらいか、休日は何日間あるのか、お給料はどれくらいかなど、いろんなものが書かれています。

このような求人広告を見た人が、働きたいという連絡を会社にして、面接などをします。そして、雇う側（会社）も雇われる側（労働者）も、「この人ならば、ウチの会社で働いてもらいたいなあ」「この会社ならば、働きたいなあ」と思ったら、労働契約という契約が締結されることになります。みなさんが、この先、アルバイトをしたり、パートや正社員として働きだしたりするときには、必ず、この契約を締結します。

働く人は守られている

ところで、世間で「ブラック企業」という言葉が使われはじめてから、ずいぶんと経ちました。みなさんは、この言葉を知っていますか？

ブラック企業とは、労働者に長時間の労働を強制したり、達成することができないような大変なノルマを課したり、適切なぶんの給料を支払わなかったり、休めるはずの休暇がとれなかったり、ハラスメント行為が横行するような会社のことをいいます。

あれ？　先ほどの説明だと、労働条件については、雇う側も雇われる側も、納得したうえで働きはじめているはずです。なのに、なんでブラック企業なんてあるんでしょうか？

まず、労働者（雇われる側）の立場というのは、会社（雇う側）と比べて弱いのが通常です。なかには、「ぜひ、あなたにこの会社で働いてもらいたい！　給料はいくらでも出します！」なんてラブコールを受ける労働者もいるかもしれませんが、大多数の労働者は会社から、「あなたの代わりの人くらい、いくらでもいる」なんていわれたりもするのが、キビしい現実です。だから、放っておいたら、労働者は会社の言いなりで働くしかありません。

でも、日本には、〝労働者を守る法律〟があります。「最低限、これ以上の条件で労働者を雇わなければならない！」というルールの存在です。現在、たとえば「労働契約法」や「労働基準法」という法律が、その役割を果たしています。

それでもブラック企業がなくならない

お～、それならば労働者は快適に働けるじゃないか！　と思うかもしれません。しかし、実際はそうではありません。悲しいことに、ブラック企業は全然なくなりません。なぜでしょう？

それは、シンプルに、労働基準法や労働契約法などの法律をきちんと守らない会社があるからです。法律を無視したり、違反していることを隠したりします。では、なぜそのようなことをするのでしょうか？ それは、会社は、収益（利益）を上げたいからです。会社としては、労働者が安い給料でたくさん働いてくれる状態がよい（得な）のです。残念なことに、「法律通りにやっていたら、会社は成り立たないよ」なんてことを平気でいう会社もあります……。

＼ どうバランスをとる？ ／

会社の利益

↕

労働者の利益

では、これに対して、労働者は何か文句をいわないのでしょうか？ じつは日本では、労働者がぐっとガマンをしてしまう傾向にあります。

「会社のためだからしょうがない」とか、「仕事が大変なのはあたりまえだ」とか、「大変なのは私だけじゃない」とかいう空気が社会に蔓延しています。でも、そのような社会の雰囲気を取り除いていかないと、「過労死」などの悲しい事件が、いつまでたってもなくなりません。日本では、仕事が原因で健康を害してしまったり、死んでしまったり、追い詰められて自殺してしまう人がとても多いのが現実です。

　じゃあ、労働環境に文句がある場合は、だれにいえばいいのでしょうか？ まずは、会社と話し合うという手段があります。ひとりで会社に文句をいう勇気がなくても、労働者がまとまって、会社と話し合う組織（労働組合）を利用することも考えられます。

　さらに、「労働基準監督署」という国の組織もあります。そこに相談すると、場合によっては、国が、トラブル解決のために会社を調査したり、会社に対して「法律違反はやめろ！」と注意（むずかしい言葉で「是正勧告」といいます）してくれたりする場合もあります。

バイトテロをしたらどうなる？

ブラック企業も問題ですが、他方では、会社のものを盗んだり、職場の同僚をいじめたり、仕事を平気でサボったりする、困った従業員がいることも問題となっています。なかでも、最近よく耳に入ってくるのが、「バイトテロ」。この項のマンガのような、見過ごすことができない悪ふざけがSNSに投稿されて、問題となっています。店内でアイスクリームが置いてある冷凍庫に寝そべってみたり、ピザの宅配のバイクでわざと信号無視をしてみたり、お客さんに出すための食材をゴミ箱に捨ててからそれを拾って調理してみたり……。このような行為を「バイトテロ」なんて言葉で表したりしているようです。

アカリさんのバイト先でも、アルバイトの店員が、厨房で悪ふざけして、調理する前のハンバーグでキャッチボールしている動画を、Twitterにアップしてしまったようですね。まず、このような行為は、単に、バイト先をクビになるというような話ではすまされません。犯罪行為にあたる場合も少なくないのです。たとえば、お店の業務を妨害したとみなされれば、「威力業務妨害罪」（刑法234条）に該当して、3年以下の懲役または50万円以下の罰金の可能性があります。

また、「損害賠償」も負わされます。売ることができなくなって捨てなきゃいけなくなった商品の代金はもちろん、お店が休業になったり閉店に追い込まれたりした場合には、「営業利益（営業していたならば得られたはずのお金）」も全部賠償しなければなりません。そうなったら、賠償金は何百万円とか、何千万円という単位に膨れ上がることも考えられます。

バイトテロはなぜ起こる？

Q なかなか無くならない「バイトテロ」。このようなことが頻繁に起こってしまう原因は、どこにあると思う？

さて、みなさんならば、この質問にどんなふうに答えますか？　バイトテロとはいうけれど、テロといっても何か政治的な主張があるわけじゃなくて、単に悪ふざけをしていただけの場合が多いみたいです。では、なぜ、そんな悪ふざけが起こってしまうのでしょうか？

もちろん、悪いのは動画をアップした本人なんですが、みなさんには、それだけでなく、いろんな角度から原因を考えてみることをオススメします。たとえば、雇い主である会社自身はどうでしょうか？　もしかすると、人件費を安くするために、正規社員を少なくして、アルバイトを多くしているのかもしれません。アルバイトをちゃんと管理できるようなしくみがつくれていない会社の体質が、バイトテロを生み出している可能性もあります。

また、SNSはどうでしょうか？　先ほど紹介したように、中学生男子が「将来なりたい職業」の第3位は、動画投稿者です。その動画を見る視聴者は、みんな「過激なもの」を要求していますよね。多くの視聴者が食いつく過激なものを求めて、「悪ふざけ」ではすまされない行為にまでエスカレートしてしまうなんてこと、考えられませんか？

さらに、お店のお客さんだって、間接的な原因になることもあり得ます。クレーマーであったり、態度が横柄なお客さんが世間にはたくさんいて、店員さんも、自分の仕事にやりがいや誇りなどを感じることができない状態になっていたらどうでしょう？　お店に迷惑がかかるようなことも、「べつにこの会社がどうなっても、オレの知ったことじゃないし……」と無責任な行動をとるようになるかもしれません。そうだとすれば、「店員なんだから、お客様に感謝したり、お客様をていねいに扱ったりするのは当然でしょ！」という、過剰な〝お客様意識〟が、バイトテロを生み出している可能性だってありますよね。

このように、ひとつの社会問題に対する解決策を考えるには、いろんな角度から、「どこに原因があって、どのような規制（ルール）をつくるのがいいのか？」を考える必要があるのです。

ただ、勘違いしてほしくないのですが、それは、悪ふざけをした人に責任を負わせなくてよい、ということではありません。むしろ、取り返しのつかない事態を招いたことの責任は、しっかりと負わなければなりません。そしてその責任は、その人が悪ふざけをしたときに考えていたものの何十倍も重たく、ときには、自分のその後の人生も台無しにするほど、背負いきれないものとなります。みなさんも、もし今後、アルバイトをしたりすることがあるのなら、社会の一員として働くという自覚を持つことが大事です。

SCENE

5

法的なバランスのとりかた

イベント成功の陰にルールあり

SCENE

5-1

合唱コンクールで順位を競う

ラ～ ララ
メイの学校では秋に合唱コンクールがある
課題曲と自由曲の合計点で順位を競うクラス対抗
1位になると表彰されてトロフィーが贈られる
そのためこの季節はあちこちでなんだかピリピリ…
ちょっとC組いつまで音楽室使ってるの？ 16時30分からはD組の予約だよ
うるせーな、前のクラスが長引いてたからズレ込んでるんだよ
そんなのうちのクラスには関係ないでしょ！

そんなこと言われても…
メイのクラスはいいよなスズがめっちゃピアノうまいからそれだけで高得点じゃん
ヒソヒソ
ピリピリ
審査員にPTA会長が入ってるけどこれお前の父ちゃんじゃん優遇されるんだろズルいぞ!
そんなことねーよ…
合唱コンクールしおり
ピリピリ
いや～この時期はみんなイライラしてるね～
シオリのクラスはちがうの?
ピリピリ
ピリ
ピリ
うちのクラスは"男子がちゃんと歌わない"でピリピリしてる～
コラ～男子
それもまたあるある…

SCENE

5-1

フェアな競争をするにはどうしたらいい？

競争をするときは、「競争をするための条件」や「競争をするための機会」を同じにすることが大きなポイント。

競争をするということ

学校行事の定番のひとつに、「合唱コンクール」がありますよね。みなさんの学校にもありますか？　メイさんの学校では、秋に開催されるとのこと。芸術の秋にふさわしい行事、ということみたいです。

まぁ、よく考えると、芸術と「競争（順位を競うこと）」はあまり組み合わせがよくないかもしれませんが……。本来は、合唱って、「競争」というより「協奏」ですもんね。とはいえ、やっぱりみんなにやる気を出してもらうためには、順位をつけるのも悪くないのかもしれません。競争するからこそ、みんながんばって準備をして、全体的なレベルだって上がる気もしますね。

社会のしくみも同じです。特に、日本のように「資本主義」の社会では、いろいろな場面で「競争」がつきものです。いろんな人、いろんな企業が、日々、いろんなところで競争をしています。その競争に勝つために、工夫したり、がんばったりするのです。そしてそのおかげで、経済・社会が発展していると考えられます。

自由曲は、不自由曲？

さて、合唱コンクールのやり方は、学校によってそれぞれちがうかもしれませんね。メイさんの学校の場合、課題曲と自由曲を1曲ずつ歌って、その合計点で順位がつけられるようです。ここで、ちょっと考えてもらいたいのは、どうして、課題曲と自由曲の組み合わせなんでしょうか？

おそらく、それぞれ、審査の視点がちがうんだと思います。たとえば、審査のポイントが、「課題曲は基礎力」、「自由曲は独創性」というように。そこで質問です。

Q みなさんなら、次の【　】にどんな言葉を入れる？

審査する人の目線で考えると、課題曲と自由曲を比べた場合、【　　曲】のほうが審査しやすいと思う。なぜならば、【　　】だから。

おそらく、「課題曲」と答えた人のほうが多いんじゃないでしょうか？　なぜでしょう。それは、課題曲のほうは自由曲とちがって、競争条件が同じだからです。

たしかに、課題曲だって、審査のポイントのちがいによって採点も変わってくるでしょう。音量、音程、テンポ、同調性、表現力……。でも、同じ曲をみんな歌うわけですから、審査員から見た場合、どちらがうまいかというのは、わりと判断しやすいのです。

それに対して自由曲は、どうですか？　ちがう曲ですから、そのぶん、評価がむずかしい場合があります。まずは、その人の曲の好みが入りやすいかもしれません。また、そもそも「優劣をつけてください」といわれても、まったくちがう曲で優劣をつけるのって、けっこう大変です。極端にいえば、「米津玄師と山崎育三郎、どちらが歌うまい？」と聞かれても、困りませんか？　どういうモノサシで測ればいいのか、全然わからない気がします。

これをべつの角度からいえば、いくら「自由曲」といっても、「競争」をする以上は、まったく自由というわけにはいかないということでもあります。競争をするためには、競争条件が「平等」でなくてはいけません。競争条件が平等でないと、競争をする意味がなくなってしまうからです。

では次のような質問に、みなさんならば、どう答えますか？

Q 自由曲を各クラスが選ぶにあたって、競争が平等におこなわれるために、選曲についてどんなルールが必要だと思う？

いろんな答えが考えられますね。演奏時間を何分以内とするか、どんな曲のジャンルならよいのか、ダンスなどの動きを取り入れてもよいのか、服装を工夫していいのか、ピアノ以外の伴奏を使えるか……。審査基準（ポイント）をはっきりと決めて、それを生徒に公開しておくのもいいと思います。自由曲には、ある程度の「オリジナリティ」が求められるんでしょうが、同時に、競争ができるようにするための、競争条件の「平等性」も要求される、ということです。

音楽室を平等に使うには？

さあ続いて、本番に向けて練習をしているときに起こりがちな問題です。パートごとの練習などは、まだいいかもしれませんが、伴奏をつけながらの全体練習のときには、どうしても、ピアノが置いてある音楽室を使えたほうが便利ですね。だとすれば、音楽室を使う機会は、どのクラスにも平等に与えられなければいけません。でも、全クラスが好きなときに、好きなだけ使える数の音楽室はありません。じゃあ、どうしましょうか？

Q 合唱コンクールまで、あと10日。学校全体で、クラスごとの朝練のための音楽室使用のルールを決めることにした。この学校は、1学年5クラス、全部で15クラスある。どんなルールにするのが適切か？

もし次のようなルールにした場合、いい面として【　　　】ということが挙げられる。反対に問題点として、【　　　】ということが挙げられる。

① 全クラス一律に、使用を禁止する
② 使えるクラスを、毎朝、各クラスの代表者による「くじ引き」で決める
③ 毎朝、各クラスの係がいちばん早くに登校したクラスに使わせる

まず、①のルールはどうですか？　これは、全クラスの練習する機会を等しくするという意味では、いちばんいい解決方法かもしれません。つまり、どのクラスもみんな同じように、使用することができません。平等です。でも、せっかく音楽室も空いているのに、もったいないなくないですか？

べつの例を挙げてみると、たとえば、こんな場合はどうでしょうか？　……大震災が起こり、避難所に500人が避難しています。いま、ある団体から、300個のパンが届けられました。そのときに、「一部の人だけに配るのは平等ではないから、全部、パンは捨ててしまいます」とかいうようなものです。「みんなを等しく扱う」答えとしてありえるでしょうけれど、でも、せっかくあるパンを捨ててしまうのは、やっぱりもったいないような気がします。

次に、②はどうですか？　どのクラスにも（くじで当たれば）練習するチャンスがあるという意味では、平等です。ただし、たまたま、くじにハズれ続けたクラスがあった場合、そのクラスの不満はかなりのものでしょう。社会を見てみても、このような「抽選方式」の決め方は、いろんなところにありますね（たとえば、人気アイドルのコンサートチケット、東京マラソンの出場資格など）。くじ運のいい人は何回も当たって、くじ運の悪い人は一度も当たらないなんてこともありえます。外れた人は、なかなか納得がいきません。

では、③はどうでしょうか？　朝早くに来てまで音楽室で練習したいというクラスは、それだけやる気はありそうです。やる気があるクラスに優先的に音楽室を使わせるのは、悪くなさそう。使いたければ、やる気を見せて早く来ればいいんです。どのクラスにも平等に機会が与えられていますね。でも、ここでいう「やる気」って、朝早く来ることだけで測れるのでしょうか？　しかも、お正月の福袋の争奪戦のように、全力ダッシュの激しいバトルになって、ケガ人が出てしまうかもしれません。

さて、どうしましょうか。十分ではない資源を分配するというのは、なかなかむずかしいですね。資源が十分でない以上、どの選択肢であっても、みんなが100％満足することはできません。そのなかで最終的には、それぞれの選択肢のデメリットを考えながら、「みんなが、どのようにすればもっとも納得できるのか」を考えていくしかないんです。

だれが審査員になるのがいいか？

さて、もうひとつ大きな問題は、「コンクールの審査員選び」です。シレツな競争になればなるほど、競争を「平等に評価する」ということが求められますので、審査員の人選だって重要になってきます。

先ほどいったように、そもそも、芸術と競争は、かみ合わせが必ずしもよくない気がします。たとえば、期末テストで順位を決めたり、100m走をしてタイムを競ったりするときには、「客観的」な勝ち負けの基準がありますから、それにもとづいて優劣をつけることができます。しかし芸術の分野は、それと同じくらい「客観性」を確保することが、とてもむずかしいです。フィギュアスケートの審査、ピアノのコンクール、絵画のコンテストなど、審査にはどうしても審査員の「主観」がたくさん入ってしまいます。そしてまた、そのために、「不正」が生じやすくもなっています。

じゃあ、みなさんは、次の人が審査員にふさわしいと思いますか？　そしてそれはなぜでしょうか。

・自分のクラスの学級委員
・生徒会長
・クラスの担任の先生
・PTA会長
・学年の音楽の授業を担当している音楽の先生（担任クラスあり）
・べつの学年を受け持っている先生や担任を持っていない先生
・校長先生、教頭先生

そもそも、人間が審査する以上、完全に「客観的」な審査をすることができる人はいないかもしれません（客観的な審査というだけなら、カラオケの機械がベスト）。でも、比較をした場合に、より審査に適している人はだれかといえば、それは、「第三者」として位置づけられる人です。140ページにも出てきましたね。ここでいう「第三者」というのも、競争をする当事者ではなく、どのクラスがその競争に勝っても負けても、利害がおよばない人です。そうでないと、審査が平等でなくなってしまうからです。

学級委員や生徒会長は、自分が合唱コンクールに出場する当事者ですから、自分のクラスに甘い点をつけるという可能性を取り除くことができませんよね。また、クラス担任やPTA会長も同じです。大人だって、自分に関係するクラスに甘い点をつけるかもしれません。その学年の音楽の先生も、音楽の専門家だからといって、自分自身が特定のクラスの担任であれば、やっぱり「第三者」にはなりません。

その点、べつの学年を受け持っている先生や担任を持っていない先生であれば、より「第三者」として評価してくれるはずですので、審査員に適しているといえます。また、教頭先生や校長先生であれば、なおいいかもしれませんね。クラスごとの利害から、遠いところにいる人を選ぶべきです。

みなさんがニュースなどで、会社や学校やスポーツの団体で不祥事が起こったことが報道されたときのことを思い出してください。そのとき、「真相究明のために、第三者委員会が立ち上げられました」とか、アナウンサーがいってませんでしたか？　ここでいう第三者委員会とは、まさに、利害関係のない人が客観的な目で、その事件を評価するための組織です。その際に、委員として、**その団体とは全然無関係の人**が選ばれるのがふつうです。

平等な審査であるためにはどうすればいい？

ただし、それでも審査に関して、平等を完全に保証することはむずかしいのです。もしかしたら、生徒や担任の先生が、内緒で審査委員に対して、「うちのクラスに有利になるように採点してください！」とお願いしているかもしれません。「そんな卑怯なこと、自分の学校では絶対ない！」と怒らないでくださいね。ルール（法）って、「起こるかもしれない」ということを前提につくるものだからです。実際の社会でも、審査の不正事件は、たくさん存在します。

では、それを防止するために、どのようにすればいいと思いますか？　じつは、完全に防ぐ方法ってないんです。でも、ある程度有効な手段として、たとえば、「審査結果の情報公開」があります。どの審査員が、どのクラスに対してどのような採点をしたのかを、学校内で公開するということ。採点結果を公にすることで、たくさんの人（学校全体）の監視の目があるため、自然と不正がしにくい状態になります。

平等であることの必要性

日本の社会では、多くの場面で、バチバチ火花を散らしながらガチンコで競争することが求められます。また、「競争することで、（当然、勝者・敗者が出るわけですが、それでも）社会全体が豊かになる」という考え方で動いています。

だから、法律上も、ちゃんとした競争ができるように、競争をするための条件や、競争するための機会が等しく与えられていなければいけません。候補者が選挙運動をしたり、足りない滑走路を各航空会社が取り合ったり、企業が入札をしたり、会社のなかで従業員が出世競争をするためには、平等性を確保するためのルールが必要なのです。

メイさんの学校の合唱コンクールも、平等な競争条件・機会のなかで、お互い切磋琢磨していけるものになるといいですね。それがきっと、レベルの高いコンクールにつながるはずです。

SCENE

5-2 テスト期間がやってきた！

3学期、いよいよ2年生最後の期末試験…
もうすぐテストだぞー！
わー
ヤダーー！
成績は並のメイの場合
う〜ん今回はちょっとヤバい…3学期は中間がないぶん範囲広いし
春大会の練習で勉強時間があんまり取れてないんだよね…
スズはなんで私と同じ練習時間でテニスも勉強もそんなにできるのよーー！
うわーん
ポカポカ
でも私も今回のテストは不安だよ…

学年トップのスズの場合
といいつつ じつは楽しみだったり…
ゴォォォ オォォ
2学期の期末はギリギリ1位は死守したものの英語が82点だったからな… 今回は95点目指す!!
赤点常連のカナタの場合
ヤバい…なんも頭に入ってない…赤点だけは避けなきゃ…
今度赤点とったらカントクに怒られる…
テスト勉強は全範囲取り組むこと！ヤマをはったらダメだぞ！
…って先生にもいわれたけどなんでダメなんだろ？
勝負師みたいでカッコいいじゃん
な〜メイ メイはどの辺がテストに出ると思う？
そんなこと考えてるヒマがあったら1個でも単語覚えなさい！

SCENE

5-2

テストでカンニングするのは、なんでダメ？

カンニングは自分の成績だけではなく、他人の結果に影響を与えてしまうという点からもNG。

テストって、なんのためにある？

どの中学・高校にも、だいたい「期末テスト」がありますよね。みなさん、テストは得意ですか？　苦手ですか？　日本は「学歴社会」なんていわれてますから（個人的には、その考え方をけっこう疑っていますが、ここでは省略します）、やっぱり人生におけるテストの重要性は、無視できませんよね。

ただ、疑問に思ったことはありませんか？　そもそも、テストで何がわかるんでしょうか？　テストでは、その人が人間としてどれくらいよいところがあるかなんて、わかりませんよね。コミュニケーション能力とか、伸びしろとか、体力・気力とか、性格とか……。ペーパーテストでいい点を取るスキルがあるという一面だけを示しているにすぎないかもしれません。

「数学の問題が解けたって、大人になってからなんの役にも立たない！」というセリフ、（私を含む）数学が苦手な人のテッパンの言い訳です。

ええ、決して間違っていません。

その道の専門家になる以外は、数学だけでなく、元素記号も、古文の助動詞の活用も、細かい歴史上の人物も、たとえしっかり身についていなくても、生きていくのにそんなに苦労しません。

また、お金を稼げる天才実業家にふさわしいかどうかも、手術の上手な医者にふさわしいかどうかも、日本を代表するような有名な政治家にふさわしいかどうかも、テストの良し悪しではわからないように思います。

でもテストは、すべての生徒を同じ尺度で、しかも客観的な基準で測ることができる、ひとつの有力な道具です。そして、そういう道具は、じつは社会のなかでそれほど多くはないんです。

だから、やっぱりテストは欠かせないのかなぁ、とも思います。

テストでヤマをはるということ

さて、マンガのお話です。成績がよくないカナタくん、先生から「絶対にヤマをはるなよ」と忠告されていますね。でも、なぜいけないのか、ピンときていない様子。

そもそも、「ヤマをはる」ってなんでしょう？　もともとは、金や銀などの貴重な鉱脈がありそうな山を予想して、採掘のための資金をつぎ込むという意味で、ラッキーを期待して確実性のないことに集中的にお金や労力を使うことをいいます。カナタくんも、結局、テストでヤマをはろうとしています。では先生は、なんで「ヤマをはる」ことをダメだといっているのでしょうか？

ギャンブル禁止から見えるもの

これは、ちょっと極端に考えてみると、そのデメリットが見えてきます。

みなさん、「ギャンブル（または、とばく）」ってなんだか知っていますか？ それは、偶然性のあることに対してお金などをかけて、儲けようとすることです。たとえば、5人で1万円ずつ出し合って、トランプのババ抜きをして、勝った人が全部（5万円）をもらうのも、ギャンブルの一種といえます。

日本では、法律による一部の例外（競馬、競輪、宝くじなど）を除いて、ギャンブルを禁止しています。あくせく働くより、ぱっぱと稼げるのに……。では、ギャンブルの何がダメなんでしょうか？ 日本の最高裁判所は、ギャンブルがダメな理由について、次のようにいっています。

勤労その他正当な原因に因るのでなく、単なる偶然の事情に因り財物の獲得を僥倖せんと相争うがごときは、国民をして怠惰浪費の弊風を生ぜしめ、健康で文化的な社会の基礎を成す勤労の美風（憲法二七条一項参照）を害するばかりでなく、甚だしきは暴行、脅迫、殺傷、強窃盗その他の副次的犯罪を誘発し又は国民経済の機能に重大な障害を与える恐れすらある

（最高裁大法廷昭和25年11月22日判決抜粋）

最高裁判所の判決文のなかの文章（しかも、ちょっと昔の文章）なので、すごくむずかしく感じるかもしれませんが、ざっくりいうと「ちゃんと働くのではなく、ラクをして儲けようとすると、落ちぶれた生活をしだして、さらに、犯罪なども増えることになって、社会がよくなくなってしまうおそれがある」ということ。お金を手に入れるという結果だけではなく、そのプロセス（過程）も無視できないということです。

もちろん、試験でヤマをはるという行為は、ギャンブルとまったく同じではありません。でも、「オレは、この問題が出るのに賭ける！」とか、「ここしか勉強しないなんて、あいつ、ギャンブラーだ！」なんて使い方するでしょ。つまり、試験でヤマをはるのは、ギャンブル的な要素がちょっと含まれているのです。

そもそも、ヤマが外れれば、テストの点は散々なものになってしまいますが、デメリットはそれだけではありません。仮にヤマが当たったとしても、ラクしていい点をとれてしまったら、勉強に対するそういう姿勢が、後に悪い影響を与えるかもしれません（つまり、全然勉強しなくなる）。テストも結果だけに着目するのではなくて、そのプロセスも大事なんです。

日本もギャンブル大国になる？

ここで、少しだけ横道に……。先ほど、「日本ではギャンブルは禁止されている」といいましたが、その禁止を少しゆるめる法律が、最近、できました。「特定複合観光施設区域の整備の推進に関する法律（いわゆる、「IR推進法」）」といわれるものです。

IRとは、カジノ（ギャンブルをする場所）を含む統合型リゾートのことです。簡単にいうと、このような施設を日本国内につくれるようになったのです。IRをつくることによって、外国人にもっとたくさん日本に来てもらうことなどを目的としています。

でも、日本国内で犯罪やギャンブル依存症の人が増えるんじゃないかと心配する声も少なくありません。たしかに、ちょっと心配ですよね。

どうしてカンニングはダメなのか？

さて、テストの話に戻ります。次は、「カンニング」についてふれておきましょう。テストでカンニングすることは、なぜダメなんだと思いますか？「勝つためには、手段を選ばない！」なんて言葉、たまに聞きますよね。それでも、カンニングはいけません。どうしてですか？

まずは、あたりまえですが、「自分のためにならない」ということ。カンニングをしていい点を取っても、それは自分の実力ではないので、結局は、その後の自分の人生（たとえば、高校入試や大学入試など）に全然役立ちません。

でも、それだけではないんです。もっと重要なのは、カンニングをすることは、ほかの生徒にも影響があるということ。べつのいい方をすれば、カンニングをすることによって、自分の順位が上がるだけではなく、それと連動して、他人の順位が下がる可能性があるのです。そういう意味で、カンニングって、みんなに迷惑がかかる行為でもあるのです。5－1でもお話ししたとおり、私たちは平等な条件で競争をしなければいけないんでしたよね。カンニングは、その平等性を害する行為です。

「赤点回避券」があったらいい？

さて、もうひとつだけ。これは架空の話です。ある学校で、今学期から、「赤点回避券」を販売しだしました。それは、「赤点だった生徒は、追試を受けることを選択することもできるが、その代わりに、1点につき1万円を支払って、赤点であったという事実を消すこともできる」というものです。たとえば、40点未満が赤点であるところ、30点しか取れなかった生徒が10万円を学校に支払うことによって、その生徒の点数が40点になります。

Q もし、このような制度があったとすると、問題点は、どこにあると思う？

これ、じつは、なかなかやっかいです。たしかに、先ほど説明したカンニングと同じように、ほかの生徒の順位にも影響がでるかもしれません。でも、今回の制度で対象となる生徒は、赤点を下回っていますから、実際には、そもそも赤点ではないほかの生徒の順位にほとんど影響がないかもしれませんね。

そしてさらに、その生徒が赤点回避券を購入することによって学校にお金（10万円）が支払われます。もし学校が、そのお金を使って、授業料が払えないほど経済的に困っているほかの生徒に対して、奨学金を与えるようにしたらどうでしょうか？　ある生徒の赤点回避によって、ほかの生徒は、迷惑を受けないだけでなく、（学ぶ機会を得られるという）利益すらもたらされているともいえます。

それでもみなさんは、「こんな制度、やっぱダメでしょ」と思いますよね（思ってもらいたい！）。それは、なぜでしょうか？

これを考えるときには、「そもそも点数をお金で買うことってできるのか？」という視点を忘れないでください。点数というのは、自分の勉強に対する努力の対価であって、お金で買えるものではないのです。また、それを学校が認めてしまったら、「お金持ちの家庭は得をする」という不平等を学校が生み出すことになりかねません。人を育てる学びの場であるはずの学校が、腐敗する可能性もあります。だからこそ、裏口入学（入試のときにお金を払って、不正に入学させること）も許されないのです。

ヤマをはるのはダメ。カンニングはもちろんダメ。赤点回避券は論外。じゃあ、カナタくんはどうすればよいのでしょうか？　その答えは、ほぼひとつしかありません。眠い目をこすって、ひたすらコツコツと試験の準備をするだけです

……！

SCENE 5-3

ぼくは運動神経が悪い

オレ、信じてた…
じゃ、百歩譲って
競争はいいとするよ
でもなんでオレが
カナタみたいな
足の速い奴と
戦わなきゃ
いけないいんだよ
勝てっこないじゃん
ダーッ
体育ーっ
速い奴は速い奴だけと
競争すればいいし
オレみたいに遅い奴は
遅い奴だけで
競争すればいいんだ
男と女だって
分けるじゃん
それなら
速い奴と
遅い奴で
分けたって
いいだろ
たしかに…
メイーッ
遅い人は遅い人と？
なにそれ
じゃあ
とりあえず
私と競争
してみる？
それっ！
お前は
女子の
なかでも
速いほうだろ
ダッ

SCENE

5-3

短距離走は「足が遅くても勝てるしくみ」にしないと不平等？

短距離走がどうかは微妙なところ……。社会のなかには、機会の平等ではなく、結果の平等が大切な場合もある。

アキラくんの気持ちをくむべき？

運動が苦手なアキラくん、体育祭に向けてずいぶんネガティブになっていますね。まぁ、ボヤく気持ちもなんとなくわかります。そもそも、100m走って、「番狂わせ」のような展開が少ない気がしませんか？　足の速い子は速いし、遅い子は遅い。カナタくんが転んだりしない限り、アキラくんが勝つという大どんでん返しは起こりにくい。

玉入れや棒倒しなど、たくさん練習することによって大きく順位が変わる競技もあります。また、同じ「走る」競技でも、クラス対抗リレーのようなものであれば、バトンの受け渡しや走る順番など、作戦を立てたりする余地がけっこうありますよね。でも、短距離走の場合、練習や作戦の領域も、すごく限られているように思います。ひたすらがんばって走って、速い・遅いを決めるシンプルな勝負。だから、アキラくんは、自分の足が遅いのをボヤくしかないんですよね。そこで、こんな質問。

Q 50m走11秒台のアキラくんが、50m走6秒台のカナタくんにも100m走で勝てる可能性があるように、工夫したルールをつくるべきか？

5－1と5－2では、「競争のための条件などを平等にそろえるにはどうすればいいか」を考えました。じゃあ今度は、その反対の方向を考えてみましょう。つまり、「結果の平等」です。アキラくんの主張（ボヤき？）のように、足が遅いことを理由に100m走を嫌がる人に配慮して、足が遅い人でも勝てるかもしれないように、競争の条件を工夫したほうがいいでしょうか？

ちがうものは、ちがうものとして扱う？

そもそも、さっきから出てきている「平等」って、どんなことをいうのでしょうか？これは、単に「みんなを同じように扱えばそれでいい」ということではありません。むしろ、「等しいものを等しく扱い、等しくないものを等しくないものとして扱う」ということを意味します。ん？どういうこと？もう少しかみ砕いて説明しますね。まずは、質問です。

Q マンガのアキラくんもいっているように、近代スポーツ競技の多くは、男女別で実施されている。このように、男女別で実施す

ることは適切か？

みなさんにとって、男性と女性の体力や身体能力は、はたして、「等しいもの」でしょうか、それとも、「等しくないもの」でしょうか？　等しくないものだったら、それを別々の競技として実施すべきですよね。

さらに、ボクシング、柔道、レスリングなどでは、男女だけでなく、「体重」でも種目を分けています。それらは、分けて競技するほうが平等で、むしろ、分けないでみんな一緒に競技することのほうが平等じゃないと考えているからだと思います。これが、「等しくないものを等しくないものとして扱う」ということ。

では、それと同じように、アキラくんの学校でも100m走を、「俊足の部」、「一般の部」、「鈍足の部」（言葉が少し悪いですが……）というように種目を分けることは、ダメでしょうか？

いろんな考え方と理由があると思います。ひとつの考え方として、アキラくんもカナタくんも、同じ男の子だし、学年だって同じだし、身長や体重が足の速さと絶対的な関係がないとすれば、2人は「等しいもの」として位置づけられるかもしれません。

「等しく扱う」って、どういうこと？

じゃあ次に、「等しいものは等しく扱う」のところです。このなかの「等しく扱う」とは、どんな意味でしょうか？　考え方としては、2つあるんです。

すごく簡単な答えとしては、アキラくんもカナタくんも「同じスタート地点」に立たせれば、それで「等しく扱う」ということだと考えられるかもしれません。でも、このような考え方は、「結果」について非常に無関心です。つまり、競争の結果として、アキラくんが惨敗して傷ついてもしょうがないよ、ということです。また、結果が見えているのでやる気がでない人がいても、その人の気持ちに対しても無関心です。等しく競争する機会が与えられたのだから、がんばって勝負するかどうかは、本人の気持ち次第ととらえます。

一方で、そうではない考え方もあります。「等しく扱う」というのは、スタート地点ではなく、「ゴール地点」を意味するという考え方です。つまり、アキラくんもカナタくんも、どちらも同じくらいにゴールするようにルール上の工夫をして、全力を出し切ったほう、または、運がよいほうが勝者となる可能性をつくり出すべきだと考えるのです。たとえば……。

〔案1〕足の速い子は着ぐるみ、ふつうの子は長袖ジャージ、足の遅い子は短パンを着て走る

〔案2〕足の速い子はスタート地点の25m後ろから、ふつうの子は10m後ろから、足の遅い子はスタート地点からスタートする

こんな条件をつける案は、バカバカしいと思いますか？　でも、これを取り入れることによって、だれもが「勝てるかもしれない」という期待感を持って、がんばって競争できるかもしれませんよ。アキラくんのように「どうせ勝てないし」と考える人が減り、１００m走がちょっと楽しみになる人が多くなる可能性はありませんか？　カナタくんだって、「相手がアキラなら、楽勝！」とか気を抜くこともなく、また、退屈に思うこともなく、ちゃんと本気で走ることで、いまの自分の実力を知る機会が得られるかもしれません。

＼ どちらを重視する？ ／

機会の平等

↕

結果の平等

機会の平等

結果の平等

社会のなかの「結果の平等」

では、社会のなかの例をひとつだけ考えてみましょう。

みなさんは、「障がい者」という言葉を知っていますね。誤解をおそれず簡単にいえば、身体的、知的、精神的な面で、なんらかのハンディを持っている人のことです。内閣府の平成30年度の調査によると、身体的な障がいを持つ人は４３６万人、知的な障がいを持つ人は１０８万人、精神的な障がいを持つ人は３９２万人程度いるそうです。すごく単純に計算すると、国民の７％以上の人がなんらかの障がいを持っていることになります。では、質問です。

Q 一定の規模以上の会社は、法律上、従業員のなかの一定割合を、障がい者から雇う義務がある。この制度について賛成？

「障がい者だけに、就職のための特別なワクが設けられるなんて、不平等じゃないの？」と考える人がいるかもしれません。でも、さっきの「平等」の意味をもう一度考えてみてください。

私たちは、いろんな人が一緒に生きる社会を目指しています。障がいの有無に関係なく、職業を通じて、だれでも参加できる社会をつくっていく必要があります。そのためには、「障がい者の人もそうでない人も、だれでも自由にこの会社に応募してください！」というように、機会が与えられるだけでは十分ではありません。障がい者の方が働くための場所が、結果として確保されることが大切なんです。

なお、実際に法律の文章を見てみると、「障害者の雇用の促進等に関する法律」には、下のような規定があります。

これは、一定割合を障がい者から雇えばいいだけではなく、障がい者であることを理由にした不当な差別を禁止する条文です。たとえば、障がい者であることだけを理由にして雇わないこと、障がい者には低い賃金で働く道しか用意しないこと、障がい者であることから食堂や休憩室の利用を認めないことなどは不当な差別にあたり、許されません。むしろ、障がい者がその会社でちゃんと働けるように、いろいろな積極的配慮（たとえば、車いすを利用する方に合わせて、机や作業台の高さを調整するなど）が必要なんです。

＼ 条文 ／

障害者の雇用の促進等に関する法律

34条　事業主は、労働者の募集及び採用について、障害者に対して、障害者でない者と均等な機会を与えなければならない。

35条　事業主は、賃金の決定、教育訓練の実施、福利厚生施設の利用その他の待遇について、労働者が障害者であることを理由として、障害者でない者と不当な差別的取扱いをしてはならない。

SCENE
5-4
修学旅行のお菓子ルールをつくろう

オレ1万円分買っていくー!!
CHOCO
友だちと部屋で集まってお菓子パーティーを開いてもいい？
バナナとかプロテインはお菓子に入る？
MUSCLE PROTEIN
わー
わー
なかなかまとまらないね…
旅行中は飛行機やバスなど移動が多くお菓子を食べるタイミングも多いと思います
ただ、限度もあるので「お菓子のルール」を考えたいと思います

SCENE

5-4

ルールはだれが、どんなふうにつくる？

ルールは自分たちでつくるもの。異なる意見をまとめるときには、「多数決」も有効な手段。でも、多数決で決めてはいけないものもある。

ルールの役割とは？

修学旅行の「お菓子ルール」について、いろんな意見が出ているみたいですね。さて、左ページのものは、実際にある中学校で、生徒たちが「修学旅行のお菓子」について話し合ったものを、書記がメモしたノートです（このメモは私の空想ではなく、実際にある中学校の生徒がつくったものです）。

これを見たとき、私は、「なかなかよくできたメモだなぁ～」と感心しました。まず最初に、「お腹が空いてしまったときのために、お菓子は持ってきてもいい」という結論が書かれています。そしてそのあとに、細かい注意点が書かれています。矢印は、その理由や補足説明でしょ

修学旅行のお菓子↓可
食間にお腹が空いてしまった時の小腹満たしとして
＝お菓子パーティーはしない
【注意点】
・事前に送る荷物の中にお菓子は入れない（スーツケース）
↓物によっては（ポテトチップスなど）破裂のおそれがある。それによって服が汚れるなどして本来の目的である学習の妨げとなる
・持って行ったお菓子のゴミは必ず持ち帰ってくる
↓部屋を最後に出る時の部屋チェックに含まれる
↓たくさん持ってきていれば持ってくるだけ持ち帰るゴミの量も増えるので、量を考えた方がよい
・食べる量は本来の食事、朝、昼、夕食が食べられなかったり、気分を悪くするなどして学習に影響が出たり、周りに迷惑をかけることにならないよう、各自で調節し、適切な量を考える
・現地のホテル・旅館でのお土産購入は自由だが、それはきちんと「お土産」として家まで持ち帰り、現地や帰路で食べるのは禁止
↓食べてよいお菓子類は持って行った物のみ
・食べる時は、公共の場所であるホテル・旅館を汚さないようにする
↓ポテトチップスなどから出る油や食べカスをこぼしたりしてつけないように、十分配慮する

うか。

ここまでに何度もしてきたルールのお話。最後に、**実際にみんなでルールをつくる**ときに大切なポイントについてふれておきましょう。

そもそも、なんでルールをつくる必要があるのでしょうか？　その理由には、大きく2つあります。

ひとつには、ルールには、何かトラブルが生じたときに、それを処理（解決）するという役割があります。どういう意味かというと、たとえば2―2で取り上げたように、「**スマホを持ってきたら没収**」というルールは、生徒がスマホを持ってきてしまったことを想定して、その場合に学校はどうするのかということを、あらかじめ決めておくものです。そうすることで、実際に生徒がスマホを持ってきた場合（＝事件が発生した場合）に、学校は、対応を一か

ら考えずに、そのルールにもとづいてスマホを没収する（＝事件を処理する）ことができるのです。

でも、ルールの役割は、それだけではありません。もうひとつ、「スマホを持ってきたら没収」というルールは、生徒に対して、「学校にはスマホを持ってきてはいけませんよ！」という「行動指針」を与えてもいます。つまり、トラブルが生じる前に、「何をしてよいのか、または、何をしてはいけないのかの基準」となっているのです。こっちの役割を、少しむずかしい言葉で、「行為規範」といいます。

では、このような目線でさっきのお菓子ルールを見ると、どうでしょうか。「生徒がルールに反したお菓子の食べ方をした場合にどうなるのか（どのようなペナルティが科されるのか）」については書かれていません。でも、お菓子の持っていき方、食べ方について詳細に書かれていますす。ですから、とてもわかりやすい行為規範を示しているものといえます。

自分たちのルールは自分たちでつくる

さて、メイさんのクラスではお菓子のルールを、ホームルームでみんなで話し合って決めていますね。そもそも、これはとてもいいことだと思います。

修学旅行のプランのうち、行き先、集合時間、宿泊場所など大切なことは、やっぱり先生たちが決めることが多いですよね。細かいことでも、学級委員や修学旅行係などの代表者が勝手に決めてしまうほうが、短時間でサクッと決められるかもしれません。でも本当は、クラスみんなで考えてルールをつくれる環境があれば、そのほうがいいんです。押しつけられたルールだと、すぐに文句をいいたくなってしまいますが、自分たちで決めたのであれば、少し窮屈でもしょうがないか……となるからです。自分たちのルールは自分たちで決める。これはとても「民主的」です。

意見がバラバラで困ったときは？

では、クラス内で意見が分かれたとき、最終的にルールはどのように決めましょうか？　たとえば、「お菓子は、いくらまで買ってきてよいのか？」をめぐって、５０００円派、３０００円派、１０００円派と、意見が分かれたらどうでしょうか？　どうにかして、クラスのルールをひとつにまとめなくてはいけません。

まず前提として、「いいえ、私のクラスは、一致団結していて仲がよくて、みんな同じ考えです！」という読者がいるとすれば、本当にそうなのかを疑ってみること。なんだか冷たいようですが、「クラスの仲がよい＝みんなが同じ意見を持っている」とは限りません。むしろ、クラスの生徒の何人かは、自由に自分の意見がいえない状況になってしまっているかもしれません。私たちの社会は、いろんな人がいろんな意見を持って生きています。自分の意見とちがう意見があるということを認めるのって、とても大切です。

さて、クラスのみんなに意見を出してもらったら、たくさんの生徒が発言してくれました。じゃあ、次のうちみなさんは、だれの意見なら納得できますか？

・クラスでいちばん成績がいいＡさん
・海外旅行の経験が10回以上あるＢさん
・クラスでダントツにお菓子が大好きなＣくん
・将来、弁護士を目指しているＤくん
・クラスでいちばんおこづかいが少ないＥさん

Ａさんならば、いい意見を出して、みんなを導いてくれそう？　Ｂさんの意見は、旅行の経験が豊富だから安心？　お菓子が大好きなＣくんの食べる量をＭＡＸに考えればいい？　ルールのことならDくん？　みんなおこづかいでお菓子を用意するなら、Eさんに配慮するべき？

だれの意見が正しいのかといえば、みなさんもなんとなくお気づきのとおり、絶対的な答えはありません。そこで、クラスのだれもが平等な立場であるとしたうえで、「賛成がいちばん多いもの」をクラス全体の考えとして採用する方法があります。それが、「多数決」ですね。

多数決は、「クラスのなかで納得する人がもっとも多い意見に決める」のだから、クラス全体の満足度がいちばん高い決め方かもしれません。

多数決で決めてはいけないもの

でも、注意が必要です。なんでも多数決で簡単に決められるわけではないのです（決めるべきではないのです）。そうですね、たとえば……。

Q 「2日目の遠足のときのお菓子は、女子全員が手作りでつくってきて、同じ班の男子にも配る」という意見が出された。これをクラスの多数決で決めてよいか？

答えは、「多数決で決めてよくない可能性がある」です。だって、このクラスがもし男子20名、女子15名だったらどうでしょうか？　女子は、常にマイノリティ（少数者）です。そして、右の問いの意見は、少数者だけに、一方的に負担（お菓子を作るためのお金や手間）を押しつけるような提案です。こんなふうに、多数決をしたら勝てない少数派に対して、一方的に負担を強いるような提案であるなら、多数決で決めることにふさわしくありません。

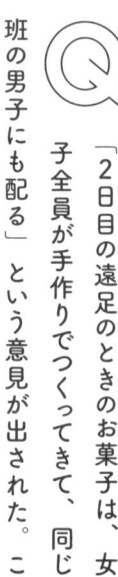

多数決で決める場合にも、注意点

もうひとつ、注意しておきたいことがあります。先ほど、「意見が分かれたときは多数決」といいましたが、それは、最初からさっさと多数決で決めてしまえばいいということではありません。そもそも、多数決で決めたことは、必ず「正しい」ということを意味しません。どういうことでしょうか？

たとえば、修学旅行の宿泊先でお菓子パーティーをしたい生徒がたくさんいたとします。では、サクッと多数決で、「ホテルでお菓子パーティーしてよい」というクラスのルールをつくればいいでしょうか？　多数決をしたのだから、それが正しくて民主的だとなるでしょうか。

反対に、お菓子パーティーはしないほうがいいと考える少数の生徒は、「なぜ」そのように考えたんでしょうか。生徒全体のけじめのため？お菓子パーティーに参加できない生徒のため？それとも、ホテルに宿泊しているほかのお客さんや、ホテルの従業員さんのため？

そのような意見は、少数派の意見だから耳を傾けなくていいでしょうか。そうではないはずです。多数決をとる前に、両方の意見をまずはじっくりと話し合うこと。それが大切です。

先ほどの、ある中学校のメモをもう一度見てみてください。いろんな気配りがされていると思いませんか？　内容が、「自分たちが楽しめればそれだけでいい」というわけではなく、周囲（社会）に迷惑がかからないようにと、自制的ですね。きっと、メモが完成するまで、たくさんの話し合いがなされたんでしょう。単に、数が多いから（=人気があるから）、その勢いで決めてしまうというのではなく、異なる意見を自由にいい合ってじっくり話し合う。

それこそが、本当に民主的なのです。

おわりに

「法」って必要？

さて、20個のストーリー、いかがでしたか？　どの場面も、みなさんの身近にあるようなお話ばかりだったでしょう。それを、「法」の世界のめがねで、少しだけ掘りさげて見てみました。みなさんが、少しでも、新鮮な空気を感じとってくれていたらいいなぁと思います。

本書の最後に、「法が果たす役割」について確認して、まとめにしたいと思います。みなさん、次の問いにどう答えますか？

Q 私たちの社会に、「法」は必要だと思いますか？

「あわわわわ。このおじさん、いまさら何をいい出すの？　これで〝不要〟なんて答えたら、この本の存在意義がゼロじゃん。いままで読ませてきて、その裏切りはないでしょ！」

そうです、法は必要です。それがどのような形であっても、法が存在しない社会は、ありません。「社会あるところに法あり（ubi societas, ibi ius）」ということわざがあるくらいです。みなさんが無人島でひとりで暮らすのであれば、話はべつですが、そうでない限り、だれかと触れ合いながら生きています。そうすると、そこには、どうしてもなんらかのルールが必要になってきます。

社会をコントロールするために

もちろん、この世の中が、いつも自分のことより他人（または、社会全体）の幸せを考える人ばかりだったら、法がなくても、社会が成り立つかもしれません。みんなが、「道徳的に…」「常識で考えると…」「みんなのことを思えば…」というふうに考えて行動すれば、それで十分かもしれません。

でも、はっきりいうと、ほかの人を思いやる気持ちには限界があるし、意志の強さにも限界があります。みんな、聖人ではありません。だとすれば、私たちみんなが一緒に、安心して生活していくために、「道徳」や「良識」に任せてばかりもいられず、場合によっては、強制力を伴った「法」の存在がどうしても必要になるのです。

そして、このような視点で見たときに、法が果たす役割としてまず挙げられるのが、「社会をコントロールする」という役割です。強制力を伴って、「〜〜をしなければならない」とか、「〜〜してはいけない」というように、一定の行為を「命令」したり、反対に「禁止」したりします。そして、社会の秩序を守るんです。

たとえば、本書でも、何度も「犯罪と刑罰」が登場しました。犯罪がなされたら、犯罪者に対して一定の刑罰が与えられるんでしたよね。「他人を殺してはいけない」「他人のものを盗んではいけない」「他人の名誉を傷つけてはいけない」というのは、道徳的なレベルを超えて、法的なレベルのルールになっています。社会にとって悪影響をもたらすようなことをした人には、法的な制裁を与えることにして、みんなが安心して暮らせるように、社会の秩序を保っているんです。

自由な活動ができるために

でも、気をつけてもらいたいのは、法は、行動を制限（命令・禁止）する、口うるさいだけの存在ではないということです。

そもそも、社会では、いろんな場面で、自由に活動することが認められています。本書のなかでも、たくさんの自由についてふれてきましたね。何を買うのか、何を信じるのか、だれを好きになるのか……。基本的に自由です。

そして法には、そのような「自由な活動を後押しする」という役割があります。法が、「自由にやっていいよ！」という姿勢をとることによって、さまざまな自由を保障しているのです。「～してよい」とか、「～する権利がある」というように、一定の活動を「許容」したり、一定の活動に対する「授権」をしたりする条文が、法律のなかにはたくさんあります。

また、「命令」や「禁止」の条文も、反対にいえば、「●●しなければならない＝●●以外はしなくてよい」となるし、また、「▲▲してはならない＝▲▲以外はしてよい」ともなります。法律で命令・禁止されていないのに罰せられることはありません。そのような意味からも、法には自由を保障する役割があるのです。

ただし、自由や権利が与えられていたとしても、同時に、その活動には、「公共」という視点からの制約があることも忘れてはいけないんでしたね。本書でもふれたように、自由な活動は、その一つひとつが、まわりに影響を与える可能性があります。自由だからといって、他人の利益を害したり、社会に悪影響を与えたりしてはいけないんです。法は、「みなさんは、権利を持っているのだから、または自由なのだから、何をやってもいい」というふうにはなっていません。

国家が支援するために

また、自由が保障されているからといって、国家が「じゃあ、あとは勝手にやってね！」というように私たちをほったらかしにしているかというと、そんなことばかりではありません。必要に応じて国家は、私たちが活動しやすいように、「積極的に応援」します。そして法は、そのような「国家の介入を正しいものとして受け入れる」という役割も果たしています。

どういうことかというと、たとえば、自由な活動の結果として、当事者の間でトラブルが発生してしまった場合にはどうしますか？　自分たちで自主的に解決できればよいのですが、それができない場合、国家（司法権がある裁判所）によって解決することになります。そのためのルールが用意されていましたよね。本書でも、民事裁判制度について紹介しました。つまり、「トラブってしまっても、最終的には裁判所によって解決されるから、安心して自由な活動をして大丈夫だよ」というように、応援しているのです。

また、たとえば、悪徳商法から消費者を守ったり、会社で働く労働者の労働環境を維持したり、自力で生きていくことがむずかしい人を保護したりなど、国家が弱者を手助けする場合があることも、本書のなかで紹介しました。これが、いわゆる「福祉国家」です。

とくに、いろいろな格差が大きくなっている現代においては、自由な活動さえ認められれば、それだけで、いい社会が実現できるとは考えられません。むしろ、国家が積極的に介入することによって、「公平」な社会が実現するんだと考えます。そのような国家の介入を法が認めて、公平を実現するために、法が必要な場合もあるのです。

法律をつくろう

こんなふうに、社会のなかで、法はいろんな役割を果たしています。

最後に、もう一度だけ確認しておきたいのは、法は、私たちの社会・生活のためにあるということ。ですから、法は押しつけられるものではなく、私たち自身がつくっていくものなのです。みなさんも、社会の一員として、「法をつくることができる人」になる必要があります。

そのときの心がまえを、ひとつだけ。いま私たちの前にある法は、これまでの先人たちが、「どうしたら、いい社会ができるんだろう?」と、いろいろ試行錯誤してきた結果です。そういう意味で、法は、長い歴史の中でつくられてきたものです。それまでの歩みをすべて無視することはできません。

でも同時に、社会が続く以上、法も必ず続きます。そして、時間が経過して社会が変われば、それに伴って、法も変化しなければいけません。そういう意味で、法は、これから先の社会のための未来志向的なものでもあります。ですから、みなさんは、伝統を重んじながらも、未来に向かって創造的に、法をつくっていく必要があります。

そんなことといったって、社会のことが、まだ、いまひとつわからない？　そんな場合には、本書のように、まずは学校生活のルールを考えてみましょう。

学校は、社会の縮図です。部活のなかにある伝統的なルールが、いまも必要なのかを考えてみましょう。学校の校則にどんなものがあり、なぜそれが必要なのかを考えてください。生徒会やクラスをもっとよくするために、どのようなルールがあったらいいのかを考えてください。ほかの生徒や学校全体という「公共性」を考えながら、小さな制度づくりをしてみましょう。

伝統を重んじながら、未来志向でみなさんのルールをつくってみてください。そのとき、与えられたルールではなく、より主体的な、「みなさんがつくったルール」となるはずです。

遠藤研一郎（えんどう・けんいちろう）

中央大学法学部教授。専門は民事法学。1971年生まれ。中央大学大学院法学研究科博士前期課程修了。岩手大学人文科学部講師、助教授、獨協大学法学部助教授、中央大学法学部准教授などを経て現職。おもな著書に『はじめまして、法学』（ウェッジ）、『高校生からの法学入門』（中央大学出版部）などがある。

僕《ぼく》らが生《い》きている よのなかのしくみは 「法《ほう》」でわかる

13歳《さい》からの法学入門《ほうがくにゅうもん》

2019年6月30日　第1刷発行
2019年12月1日　第3刷発行

著者　遠藤研一郎《えんどうけんいちろう》

発行者　佐藤 靖

発行所　大和《だいわ》書房
〒112-0014 東京都文京区関口1-33-4
電話 03-3203-4511

ブックデザイン　chichols

マンガ、イラスト　石山さやか

印刷　歩プロセス

製本所　ナショナル製本

ISBN978-4-479-39324-5　JASRAC 出 1905770-901
乱丁・落丁本はお取替えいたします
http://www.daiwashobo.co.jp